D1670220

DE WETTEN

CONNIE PALMEN

De wetten

roman

1999 PROMETHEUS AMSTERDAM

Eerste druk 1991
Drieëndertigste druk 1999

© 1991 Connie Palmen
Omslagontwerp Marten Jongema
Foto voorplat Rineke Dijkstra
ISBN 90 5333 028 3

'Als ik val zal ik huilen van geluk'

Samuel Beckett

Inhoud

I

De astroloog

De astroloog ontmoette ik voor het eerst in de zomer van 1980. Het was op een vrijdag de dertiende. Zulke dingen merk ik achteraf pas op. Een vrijdag de dertiende kan voorbijgaan als iedere andere dag, maar als er van alles bijkomt en het een dag van gebeurtenissen wordt, is het toch alsof de naam en het getal een geheim verbond hebben en het alleen aan je eigen verwaandheid te wijten is als je de vingerwijzingen van het lot in de wind durft te slaan.

Sinds het begin van mijn studietijd werkte ik iedere vrijdagmiddag in een modern antiquariaat in de Pijp. Het was er rustig en ik kon op mijn gemak een boek lezen of de kranten doorbladeren. Kranten lees ik nooit, ik blader er wat doorheen. Echt nieuws heeft genoeg aan de koppen en de geschiedenis van het nieuws is altijd oud en welbekend.

Meestal schreef ik een brief aan een of andere oude bekende. Nu ook.

Het was een warme dag, het rek met kranten stond

buiten en de deur stond open. Iemand was onhoorbaar binnengekomen, een kleine, gedrongen man met een volle baard en zo'n halve bril. Het ergerde mij dat ik niet wist of hij al een tijd zo naar mij had staan kijken, met een scheef hoofd en met een peilende blik over de randen van de glazen turend, waardoor er zo akelig veel oogwit te zien is van iemand zijn oogbol.

Ik hoef niet zoveel oogwit te zien van iemand zijn oogbol.

Uit de omvang van mijn wrevel maakte ik voor het eerst die dag op dat ik een slecht humeur had en liever niemand wou zien. Rust aan mijn kop, kaken op elkaar, zwijgen.

Ik groette vriendelijk en boog me weer over mijn brief. Nu was het vooral zaak om te voorkomen dat de zin in mijn hoofd uit zou dijen tot een monotone litanie. Als ik 'Sta me niet zo aan te gapen, rund!' bleef herhalen had ik daar alleen mezelf mee, want ik kan mij opzwepen tot grote emoties zonder dat iemand er erg in heeft.

Ik las de laatste zinnen uit mijn brief over. Zonder een witregel open te laten schreef ik erachter:

'Nu staat er opeens een rund midden in de winkel. Je kent me, je weet dat ik niet met beesten om kan gaan. Wat moet ik met een rund?'

Het hielp.

Hij liep door de winkel. Het was een vreemde gang, een schuifelen meer. Als je langer in een winkel werkt leer je de mensen in de gaten te houden zonder dat zij zich bespied weten. Je bewaart ze constant als een schaduw in een van je ooghoeken en herkent al snel de afwijkende bewegingen.

Diefstal was wel het laatste waar ik hem van verdacht. Heel die aarzelende kromme gang was eerder van een schuw dier dan van iemand die de moed verzamelt om toe te slaan. Hij had nauwelijks oog voor de boeken. Als hij stilstond voor een rek of een tafel voelde ik dat hij onderzoekend en peinzend naar mij keek, alsof hij zich afvroeg waar hij mij eerder gezien had.

Ik heb een goed geheugen voor gezichten. Ik had hem nooit eerder gezien.

Zodra je ergens gevaar vermoedt kun je de vijand maar het beste recht in de ogen kijken. Als je je blik afwendt van iets waar je bang voor bent, wordt jouw angst duizendvoudig en blijft ook veel langer bij je dan nodig is. Van nature mijd je dat. Het is net als bij motorrijden. Achterop heb je in de bocht de neiging om je lichaam tegen de bocht in te bewegen en zo ver mogelijk van het asfalt vandaan te houden. Maar je moet juist meegaan, heel je lichaam in de bocht gooien tot je neus rakelings boven het wegdek scheert. Je moet doen waar je bang voor bent, want dat is het veiligste.

Ik keek op, pal in zijn gezicht en vroeg of ik hem ergens mee van dienst kon zijn. Het bracht hem hevig van zijn stuk, de vraag. Er kwam onverwacht veel beweging in zijn lichaam en hij schudde driftig zijn hoofd.

'Oh nee, nee,' zei hij alsof hij naar adem snakte.

Zoveel verlegenheid is onverdraaglijk om aan te zien en ik glimlachte maar eens om hem op zijn gemak te stellen. Koest, rustig maar, goed volk.

Zenuwachtige mensen kunnen opeens heel agressief worden.

Ik wou weer verder met die brief.

'Nou, misschien,' hakkelde hij. Enkele weken geleden wandelde hij ook door deze buurt en toen had hij, in een of andere boekwinkel, hij meende dat het deze was, maar wist het niet zeker, in ieder geval ergens in de Pijp, in een etalage, had hij een boek zien liggen over Vincent van Gogh. Daar was hij naar op zoek. Niet omdat hij van Van Gogh hield trouwens, integendeel, juist omdat hij van zichzelf niet begreep waarom hij iets had tegen Van Gogh, wou hij het boek lezen.

Hij praatte snel, maar heel zacht. Het was een mompelen met weinig lucht en met een accent dat ik niet thuis kon brengen. Maar dat kan ik bijna nooit.

'Als we het hebben moet het daar staan,' zei ik en wees naar de kast links van de tafel waaraan ik zat.

'Ja, ja,' zei hij en keek gewillig in de door mij aangewezen richting, wierp mij nog wat vragende blikken toe en bleef staan dralen.

Wat wou hij? Zijn verhaal had vreemd geklonken, maar je kunt wel met iedereen een boom opzetten over het voor en na van Vincent van Gogh en daar had ik toch geen zin in.

Met een gekromde rug liep hij voor mijn tafel langs. In het voorbijgaan rook ik een dorre lucht. Hij stond nu een meter bij mij vandaan, met zijn gezicht naar het rek met de boeken over kunst gekeerd.

'Boogschutter-Schorpioen,' zei hij.

Klopt.

Hij was het zo gewend. Op het eerste gezicht stuitte hij op een muur van weerstand, alsof er iets mis met hem was, iets vreemds, nee erger, iets afstotelijks. Hij was toch niet blind. Hij zag het toch. Hij zag het aan hun ogen, aan de trekken in hun gezicht, de spieren rondom hun mond, alles stond op afwijzing. Zodra hij tegen hen zei wat ze waren veranderde hun hele houding. Het moest al gek lopen wilde er niet iets oplichten in die ogen en een gloeiend waas van nieuwsgierigheid de strijd aanbinden met de heldere hardheid van de eerste blik.

Het was een treffer. De astroloog las de bereidwilligheid op mijn gezicht, kon de laatste rest voorgewende kooplust laten varen en liep op mijn tafel toe. Samen met zijn lichaam kwam ook een compacte geur mijn richting uit, de geur van een stoffig, uitgedroogd kadaver.

'Vijfenvijftig?' vroeg hij.

Verbaasd knikte ik en stelde op mijn beurt de vraag hoe hij dat allemaal wist, zo uit het niets. Hij zei dat het geen weten was, maar een manier van kijken. De kleur van mijn kleding, de maanvormige lijn van mijn gezicht en 'le petit grain de folie dans tes yeux'.

'En het is dat,' zei hij en wees naar het tafelblad.

'Wat?'

'Schrijven,' antwoordde hij.

Roos! Kome zoals het komt. Ik ben helemaal om en besluit de krant, de boeken en de brief te laten voor wat ze zijn. Demonstratief schuif ik al het papier opzij om de vreemde duidelijk te maken dat ik hem zo lang aan zal horen tot ik alles weet over deze manier van kijken en beoordelen, over wat er in de sterren staat, over iets waarvan ik wil dat het ergens geschreven staat en onontkoombaar blijkt: het verband tussen mijzelf, desnoods als een Boogschutter-Schorpioen, en het schrijven.

Om zijn schouder hing een volgepropte tas van een goedkoop materiaal. Hij zette de tas op de vloer en haalde een dik, rechthoekig boek te voorschijn. Zo te zien was het al heel wat keren opgediept uit slappe tassen en vaak gebruikt. De linnen rug was aan de uiteinden ingescheurd en op verschillende plaatsen staken stukjes papier boven de bladzijden uit.

'Nou, dan zullen we eens naar je rommel kijken,' zei hij, nadat ik hem had ingelicht over de plaats en het uur van mijn geboorte. Hij begon me te amuseren. Dat vond ik een leuke manier van zeggen: je rommel.

Hij was op zijn terrein en machtig. Zijn gezicht had nu iets vrolijks en vrijmoedigs gekregen en zo was het ook beter. Als je iemand tegenover je hebt die alleen maar knikt, buigt en onderkruiperig doet, ben je binnen de kortste keren uitgepraat en zo dodelijk verveeld dat je er zelfs niet warm of koud van wordt wanneer iemand bij voorbeeld tegen je zegt dat je in een vorig leven Mata Hari in eigen persoon was en hij je daarvoor de overtuigende bewijzen zal leveren.

In het boek stonden alleen tabellen. Hij vroeg om een vel papier en een pen. Hij bladerde heen en weer, ging met zijn vinger langs de tabellen en noteerde een aantal tekens op het blad papier. Soms kreunde hij iets van 'Oh la la' of 'Oei, oei, oei' en keek mij daarbij ondeugend aan, alsof ik ook moest weten waar het om ging en voor hem jarenlang een zonde had verheimelijkt, waarvan hij ten slotte lucht gekregen had.

Inmiddels waren er een paar mensen in de winkel en moest ik mijn aandacht verdelen tussen de klanten en de man tegenover mij. Hij zag allemaal cijfers en tekens en die cijfers en tekens betekenden weer iets anders, iets over mij, iets dat hem lict kreunen, dat hem verbaasde, dat hem dingen liet zeggen als: 'Wat een thema!' en 'Alweer een driehoek!' Zijn opmerkingen hielden een belofte in, een verhaal over mijzelf, dat ik zo dadelijk te horen zou krijgen.

'Voilà, je kosmische brandmerk,' zei hij op een gegeven moment en schoof een volgekrabbeld vel onder mijn neus.

Dit stond er op:

☉ 2° ♐   ☽ 4° ♈   ☿ 27° ♍   ♀ 25° ♐
♂ 28° ♎   ♃ 0° ♍   ♄ 25° ♍   ♅ 2° ♌
☿ 29° ♎   ♇ 29° ♌   asc. 30° ♍

☉ ∠ asc.   ☉ ∠ ☿   ☉ ∠ ♄   ☉ △ ☽
☉ △ ♅   ☉ □ ♃   ☉ □ ♇
☽ △ ☿   ☽ ⊼ ♂   ☽ ⊼ ♃   ☽ △ ♄
☽ △ ♅   ☽ ⊼ ☿   ☽ ⊼ ♇
☿ □ ♃   ☿ ∠ ♄   ☿ △ ♅   ☿ □ ♇
♀ ✳ ♂   ♀ △ ♃   ♀ ✳ ☿   ♀ △ ♇
♂ ✳ ♃   ♂ □ ♅   ♂ ∠ ☿   ♂ ✳ ♇
♃ ✳ ☿   ♃ ∠ ♇
♄ △ ♅   ♄ □ ♇
♅ □ ☿
☿ ✳ ♇

Ik kon het zelf ook niet lezen.

Venus, Mars en de Maan herkende ik nog wel, maar waar stonden ze in godsnaam voor? Welke tekens hadden zijn uitroepen veroorzaakt en waarom? Welke woorden zaten er nu in zijn hoofd en hoe kwamen die daar?

Op papier stond een verhaal over mijzelf, maar in een voor mij onleesbare code. Dit is frustrerend.

Hij was in het bezit van een tekst waarin precies stond hoe ik in elkaar zat, wat mijn goede en slechte eigenschappen waren en of ik voorbestemd was tot het verrichten van grote daden of maar beter meteen in kon pakken en van de nachtmerrie van een banaal leven eindelijk een droom moest maken. Ik voelde mij bestolen. Hij had iets dat mij toebehoorde, maar ik had zelf geen toegang tot mijn verhaal.

Teleurgesteld, maar voorzichtig, zei ik dat dit voor mij geheimtaal was en ik vroeg hem alles even om te zetten in gewoon Nederlands, zodat ik zelf ook zou kunnen lezen wie ik was, alsjeblieft.

'Oh la la,' zei hij weer en lachte als iemand die zijn vermoedens bevestigd ziet, 'je bent een veeleisend vrouwtje, hoor.'

'Waar staat dat geschreven?' vroeg ik nog.

Aan een vertaling in normaal Nederlands waagde hij zich niet. Hij had de graden en aspecten opgeschreven, maar iedere astroloog zou die onderlinge verhoudingen tussen de planeten weer anders interpreteren. Om mij tegemoet te komen schreef hij boven en onder de tekens neer waar ze voor stonden, wat de Maan was en de Zon en met welke symbolen de acht planeten weergegeven waren, hoe de aspecten heetten en wat de namen waren van de twaalf tekens van de dierenriem.

Vanaf het moment dat hij het boek met de tabellen in zijn handen had, was er een schromeloze directheid geslopen in de manier waarop hij mij aansprak. Ik begon mij af te vragen wie hij was, waar hij vandaan kwam, waar hij zich mee bezighield, hoe oud hij was en wat hij nu had met die Van Gogh.

Maar ik ken mezelf. Voor ik het weet heeft iemand tegenover me het alleen nog over zichzelf en hoewel ik graag wegzink in de verhalen van mensen en er ook moeilijk toe kom om over mezelf te praten, lag het nu anders. Tegenover mij stond de auteur van het verhaal over mijzelf, een bode van de goden, en ik had alleen maar te luisteren. Mijn verhaal bevond zich bij hem en ik kon het te horen krijgen als ik mijn nieuwsgierigheid naar zijn leven kon onderdrukken en het belachelijke fatsoen onder de duim kon houden belangstellend te informeren naar wat hem zoal overkomen was en welke brandmerken hij opgedrukt gekregen had, van de sterren in de hemel of van het leven op straat.

Weten wat je wilt is macht en macht maakt eerlijk. Het ging er mij om het verhaal over mijzelf voor sluitingstijd boven tafel te krijgen. Daarna zou ik wel verder zien. Dus zei ik hem dat ik nu weliswaar 'Zon-conjunctie-Schorpioen' kon lezen, maar daardoor niet meer wist dan toen zelfs dat onleesbaar was.

'Je bent een filosofische hoerenengel,' zei hij grinnikend.

Toen heb ik hem een stoel aangeboden en gevraagd of hij trek had in koffie.

'Het is een prachtig thema. Het rammelt, het is zwaar en ook een beetje bizar, maar het zit au fond heel harmonieus in elkaar. Het is in orde. Jouw thema staat helemaal in het teken van Saturnus en Saturnus is geen gemakkelijke planeet. Maar bij jou wordt het ongemak ondervangen door andere planeten. Als Saturnus een thema overheerst brengt dat veel zwaarmoedigheid met zich mee, het is het teken van de melancholici. Maar jij bent op een nogal uitbundige manier zwartgallig. Bij jou komt de melancholie eerder voort uit het hebben van kennis en het laten werken van je verstand, dan uit de verborgenheid, zoals meestal het geval is met Saturnusmensen. Jouw genot ligt verankerd in je koppetje, in het leren. Hartstocht is bij jou hartstocht van de geest. Dat is een filosofische hoerenengel. Je marchandeert met het meest kostbare van jezelf: je verkoopt je ziel voor een beetje kennis. Hoe meer je de kans krijgt je hersens op volle toeren te laten draaien, hoe dankbaarder en gelukkiger je bent. Denken ontspant je. Saturnus houdt van ordening en jij bent niet tevreden eer je alles hebt ondergebracht in een schema of structuur. Als de uitkomst van al het piekeren en ordenen de melancholie is, dan neem je dat voor lief. Alles is beter dan geen naam te hebben voor de dingen.

Het is heel bizar, maar je hebt geen opposities. Ik ken heel veel thema's, maar het is voor het eerst in mijn leven dat ik een thema zie zonder opposities. Misschien heb ik me wel vergist,' zei hij en haalde een hand door zijn baard, 'dat kan. Ik zal het thuis nog eens nakijken. Iedereen heeft op zijn minst wel één oppositie, waarom jij dan niet? En je hebt liefst tien trichonen, ook al zo'n onmogelijke hoeveelheid. Tien! De trichoon is de driehoek en een heel harmonieus aspect, want er is dan altijd sprake van een bemiddeling tussen uitersten. Je bent echt een geluksvrouwtje. Je Zon staat met een mooie driehoek naar je Maan en Venus maakt een driehoek met Pluto. Dat is heel fijn. Het is ook wel prettig voor mijzelf, want zo sta je heel sympathiek naar mijn Mars en mijn Zon. Of ik er persoonlijk iets aan heb is nog maar de vraag, want met zo'n Venus als bij jou ben je de vriend van alle mannen. Je doet ze goed. Je trapt ze wel, met die gemene Vissenvoeten van je, maar daarna lik je hun wonden.

Ja, je bent allesbehalve een gemakkelijke vrouw. Je hebt zo je dodelijke kanten. Een Saturnus vierkant op Pluto maakt mensen heel fel, maar bij jou zit die harde Pluto weer heel geborgen bij je Venus. Dan krijg je ongenadig felle vrouwtjes, maar ze vernietigen, omdat ze denken dat het goed is, uit liefde eigenlijk. Vernietiging en opbouw zijn twee belangrijke aspecten in jouw thema. Het is doortrokken van de dood, het krioelt er van de Schorpioenen. Daarbij heb je Saturnus ook nog eens in je ascendant, in de Schorpioen zelf dus.

Het is heel boeiend. Eigenlijk ben je maar op één ding uit: je wilt overal de schijn van afpellen en bij de ziel van de mensen en de dingen komen. Daar ben jij op uit, op het bezit van de ziel.'

'En het schrijven dan?' vroeg ik.

'Oh, het zit overal in jouw thema,' zei hij, 'keuze zat. We zullen eerst eens bij Mercurius kijken. Mercurius is Hermes, de god van het schrift, maar zoiets weet jij natuurlijk ook wel. Hermes gedraagt zich heel kameleontisch. Hij wordt pas zelf iemand als er iemand anders is, een persoonlijkheid waar hij ordening in aan kan brengen of die hij kan vervangen, hoe moet ik het zeggen? Hermes neemt de vorm aan van alles wat hij bij een ander aantreft, van de personen waaruit iemand bestaat en daar gaat hij dan structuur in aanbrengen of het boeltje eens duchtig analyseren, zodat het helder wordt. Als je leeg bent en er niets in je zit, valt er voor Hermes ook niets te doen. Maar bij jou heeft hij zijn handen vol, bij iemand met een ontvankelijke Maan als de jouwe. Je bent heel bevattelijk voor indrukken en wat er in jouw kop terecht komt moet op de een of andere manier verwerkt worden, want als je je indrukken niet verwerkt of bewerkt, verdwijnen ze alsof je ze nooit hebt gehad. En daar kun jij niet tegen. Aan de manier waarop Hermes in een thema geplaatst is, kun je goed aflezen hoe de verwerking van indrukken plaatsvindt en ook hoe iemand omgaat met de resultaten van al zijn analyses, hoe iemand aan anderen probeert over te brengen wat het leren opgeleverd heeft.

Mercurius staat bij jou achteraan in het teken van de Schorpioen en hij zit in jouw twaalfde huis. Het twaalfde huis is het huis van het verborgen weten, de schuilplaats van het geheim. Als je Hermes in het huis van het geheim hebt staan en dus in het huis waar je jezelf het meest verbergt en eenzaam bent, zou het kunnen zijn dat je ook je ontdekkingen en je kennis niet direct aan mensen kunt overbrengen. Voor de meeste mensen is het twaalfde huis een akelig huis, maar wat voor de een angstaanjagend is kan voor een schrijver onontbeerlijk zijn. Jij moet alleen zijn om over de wereld na te kunnen denken, maar jij moet zelfs alleen zijn om met anderen in contact te kunnen treden, om ze te laten profiteren van je kennis. Snap je? Je moet wel een oplossing zoeken voor de manier waarop je met anderen kunt communiceren en je boodschappen over kunt brengen, zonder echt met de anderen om te hoeven gaan, fysiek, bedoel ik.

En hier kan voor jou wel een probleem liggen. Er zijn ook nog zoveel aspecten in jouw thema die jou juist in de armen van de anderen drijven, terwijl de anderen jou nu net afhouden van wat je nodig hebt, van waar jouw geluk kan liggen.'

Al had ik er zelf nooit een Hermes, Saturnus, wat Schorpioenen of een twaalfde huis van het verborgen lijden bijgesleept, wat de astroloog zei klonk me ongelooflijk waar in de oren.

Het meest vervelende van nadenken vind ik nog dat je zo vaak bij paradoxen uitkomt. Schrijven, bij voorbeeld, lijkt met een paradoxaal verlangen te maken te hebben. Wat het ook mag zijn dat je ermee wilt bereiken, liefde, troost, begrip, betekenis, om je wil door te kunnen zetten moet je juist zo ver mogelijk uit de buurt van anderen blijven en je volledig afzonderen, terwijl het enige wat je in laatste instantie begeert iets is dat je alleen van anderen kunt krijgen. Het is een omslachtige poging iemand anders iets aan het verstand te brengen waarvan jij denkt dat het de waarheid is, maar dat je onmogelijk kunt uitspreken wanneer je ook nog eens in het gezicht van iemand moet kijken. Dan komt er weer zoveel nieuwe waarheid bij. Maar het ergste komt nog: tussen de waarheid en het schrijven botert het niet. Daar kom je gauw genoeg achter als je eindelijk voldoende weerstand hebt geboden aan de zuigkracht van de wereld en na eindeloos treuzelen in je eentje achter de tafel belandt. Daar zit je dan en je wilt zo graag eerlijk zijn en doen wat almaar mislukt onder het toeziend oog van de wereld. Eerlijk zijn is erg moeilijk. Als je schrijft denk je daar minder last van te hebben, omdat je je manmoedig bevrijd hebt van de ogen, oren en stem van de mensen, die maken dat je staat te liegen en steeds weer doet en zegt wat je eigenlijk nooit wou doen en zeggen. Je zit stil en schrijft, je schrijft alles naar waarheid op, leest de zinnen over en ontdekt tot je grote ontzetting dat de waarheid geschreven staat alsof het een leugen is, erger dan de leugens van alledag en bovendien nog lelijk ook. Daarom schrijven heel veel mensen, maar worden weinig mensen schrijver. De meesten haken op dit punt af. Het is ook stuitend. Geen mens houdt het jarenlang vol bladzijden te vullen met regels die je misselijk maken van de weerzin en, als het er op aan komt, onleesbaar zijn. Als je door wilt gaan zul je opnieuw moeten gaan liegen. Het verlangen naar de waarheid blijft hetzelfde, maar het is de grote kunst de waarheid te zeggen door erover te liegen.

Ik durfde de astroloog niet te vragen of het er voor mij in zat.

Hij keek me met glunderende ogen aan. Zijn verhaal had effect. Ik was opgewonden, verbaasd, vrolijk en ik was hem dankbaar. Daarom wou ik iets terug doen en vertelde hem hoe het klopte wat hij zei, dat ik filosofie studeerde, graag schreef, een structuurmaniak was en mij ook bij het woord hoerenengel wel iets kon voorstellen.

Het enige waar ik mij op dat moment nog het hoofd

over brak was hoe ik moest onthouden wie ik was volgens een versie waarin Saturnus, Hermes en het twaalfde huis voorkwamen.

'Ik kan ook nog even bekijken wat er aan de hand is in je negende huis,' zei de astroloog, aangespoord door mijn enthousiasme. 'Het is zowel het huis van de filosofie, als het huis van de publiciteit. Zie je wel dat je een geluksvrouwtje bent,' zei hij en wees achtereenvolgens een aantal van de tekens aan.

'Jupiter en Pluto staan samen in het negende huis. Jupiter is in het negende huis op zijn eigen plek en zoiets versterkt altijd de hele handel. De god is thuis, zal ik maar zeggen. Het is geen wonder dat je wilt publiceren en filosofie studeert. Alhoewel, misschien is het wel verloren tijd en had je gewoon van de universiteit weg kunnen blijven. Volgens dit brandmerk ben je altijd al filosoof geweest. Kijk, de Boogschutter is de heer van het negende huis en hij is zelf de filosoof onder de tekens. Wanneer je, zoals jij, de Zon in je eerste huis hebt staan, is het de vraag waarom je zo loopt te treuzelen. Je weet het al lang. Je hebt Pluto in Leeuw en je Leeuw wordt door de Zon beheerst en je zonneteken is Boogschutter, zie je?'

'Nee.'

Ik zag het ook niet. Ik voelde dat hij iets belangrijks ging zeggen, iets wat ik zielsgraag wou horen, maar ook verschrikkelijk vond.

'Iemand met de Zon in het eerste huis weet vanaf de dag van zijn geboorte wie hij is. Daar kan nog van alles mis mee gaan, maar dat besef is aanwezig. Een filosofisch teken in het eerste huis, een eigenwijze Pluto die met al

zijn energie op je Zon staat in te werken en dan nog de filosoof onder de planeten in zijn eigen huis, dan moet je
wel. Je Zon is je persoonlijkheid en jij bent wel heel persoonlijk geboren. Alles wijst eigenlijk maar één richting
uit. Waarom neem je het niet zoals het komt? Ik wou dat
ik zoveel mazzel had. Waarschijnlijk zit Saturnus je meer
dwars dan ik dacht en vertraagt hij weer de hele boel. Zoveel gratis geluk moet je wel op de proef stellen, anders
word je lui en apathisch. Ik weet het niet hoor. Ik lees ook
maar wat er staat.'

Stemmingen zijn verraderlijk. Mijn aanvankelijke opwinding was verdwenen. Het was me opeens zwaar te
moede. Waarom zat ik hier als een hongerige wolf verhalen te slikken over mijzelf, terwijl mijn eerste ontwerp
glashelder was? Waarom kon ik niet thuis blijven, achter
mijn tafel, om te schrijven, als het er al vanaf het begin in
gezeten had? Waarom was ik niet gebleven wie ik was en
direct op mijn doel afgestevend, zonder al die vreemde
zijwegen in te slaan, waardoor ik maar in de war raakte en
me inbeeldde rijker te worden, terwijl het erop neerkwam dat ik steeds meer kwijtraakte? Wat deed ik voor
een paar rottige centen in een boekwinkel in de Pijp en
zat hier mijn kostbare tijd te verdoen met het luisteren
naar wat halfgare nonsens van een of andere eenzame
zonderling, over de sterren in de hemel, terwijl ik toch
beter wist en eigenlijk nergens in geloofde?

'Wat heb ik hier nu aan?' voer ik tegen de astroloog uit.
'Alles is weer eens mogelijk, maar als puntje bij paaltje
komt moet je het allemaal zelf willen, het zelf doen en
moet je voor iets kiezen. Geen excuus. Het klinkt me te
goed. Het klinkt als het bedrog van de jeugd. Dan denk je

nog dat alles vanzelf komt en je nergens een hand voor uit hoeft te steken.'

Jeugd is een bedrieglijke aangelegenheid. In je jeugd lijkt het leven een tam dier dat zich aan je voeten uitstrekt en genoeg heeft aan wat armzalige strelingen om jou voor eeuwig trouw te blijven.

Op mijn veertiende had ik een droom. Ik liep in mijn dorp over straat en bespeurde een grote opwinding onder de mensen zodra ik aan ze voorbijliep. Ze wuifden en knikten mij vriendelijk toe, welwillend en ook met ontzag. Daarna staken ze hun hoofden bij elkaar en hadden het over mij. Er was iets met mij aan de hand, maar ik wist niet wat. Nieuwsgierig geworden holde ik naar huis. Mijn moeder wist altijd alles.

De keukendeur is open en mijn moeder staat voor mij, geflankeerd door mijn broers. Ze kijkt naar mij en slaat haar handen in elkaar. Ze vraagt verbaasd of ik het zelf dan nog niet weet. Nee, nee, ik weet van niks.

Het was nog geen uur geleden verkondigd op de radio: ik had de Nobelprijs gewonnen. Dat kon onmogelijk waar zijn. Ik had nog geen letter gepubliceerd.

'Ze weten dat je een schrijver bent,' zegt mijn moeder 'en de hele dag niets anders doet. Ze geven je die prijs vast op voorhand, want ze weten dat het goed is.'

Kijk, dat bedoel ik nu. Zoiets noem ik het bedrog van de jeugd. Als je jong bent kun je je er eenvoudigweg geen voorstelling van maken dat je zelf moet bewerkstelligen wat je graag wilt hebben of wilt zijn. Je denkt dat het toereikend is iets hartstochtelijk graag te willen. In je jeugd komt alles vanzelf en je neemt het zoals het komt, het goede en het kwade. Op een dag dringt het met een zekere gewelddadigheid tot je door dat het verlangen een voorwaarde is, maar ontoereikend voor het leven dat je wilt leiden. Het verlangen heeft de neiging iets over te slaan en dan wordt het een droom. Het richt zich op de gevolgen en op de onbelangrijke bijkomstigheden van wat je kunt doen. Zo ziet bijkans niemand filmster als een beroep, maar zou iedereen het willen zijn. Maar het verlangen richt zich niet op het werk, de hitte van de lampen, de geborneerde andere filmsterren, de jaloezie en de verveling op de set. Wat begeerd wordt is de bewondering die filmsterren ten deel valt, een bewondering zoals ze zelf voelen zodra ze iemand op het doek zien. Ze verlangen er dus nog het meest naar zelf iemand te zijn waar zo naar verlangd wordt als zij naar een idool verlangen. Niemand ziet graag de werkelijkheid van de sterren onder ogen.

Jeugd stopt met het besef van de noodzaak en de schoonheid van het werk, van de werkelijkheid van het werk, desnoods ongeacht de eindresultaten, maar liever niet.

Als je zo nodig schrijver wilt zijn moet je boeken schrijven, daar komt het op neer.

De astroloog zag er opeens verslagen uit.

'Het spijt me dat ik zo uitviel,' zei ik.

Met een wapperende hand wuifde hij mijn bezwaren weg. 'Geeft niet,' zei hij, terwijl hij zijn ogen op het papier richtte, 'het is je Mars. Je hebt het brandmerk van een godenkind, maar het goddelijke maakt je boos.'

'Vertel me dan maar eens wat meer van de hindernissen

en de zware dingen,' zei ik.

Het moest toch ergens aan liggen.

'Och, zelfs tragiek is voor jou een cadeautje,' zei de astroloog opgelucht. 'Eigenlijk zit het allemaal te mooi in elkaar. Als er alleen maar harmonie in je thema zit kom je tot niks. Je hebt wat harde aspecten nodig om te kunnen groeien en je waar te kunnen maken. Jij hebt een aantal interconjuncties, dus je krijgt je zin. Volgens sommige astrologen is de interconjuctie het zwaarste aspect binnen de hele horoscoop. Bij jou worden de interconjucties allemaal met je Maan gemaakt. De Maan is het vrouwelijke en je gevoel en bij jou zit daar veel pijn. De Maan is je hart en jouw hart wordt bestookt door Mars, Jupiter, Neptunus en ook nog eens door Pluto, zie ik nu. Het is wel veel en het is niet leuk. Als je Maan zo hard naar Jupiter staat bij voorbeeld, verlang je meer goedheid, schoonheid en waarheid van het leven dan misschien voorhanden is. Jij denkt dat het bestaat in de mate waarin jij er naar zoekt en je verwacht het bij wijze van spreken iedere dag ergens aan te treffen, maar je vindt het almaar niet. Dat maakt je razend. Daarom ben je ook een verwoester. Je hebt Schorpioen in het huis van Mercurius en Saturnus ook nog eens in je Schorpioen. Dat betekent dat jouw kracht ligt in het kapotmaken van de dingen zoals ze zijn, om uit de scherven iets nieuws te maken. Daarom is iemand als jij, met je Mars 150 graden op je Maan, ook onberekenbaar, afwisselend hard en zacht, ontvlambaar, snel gekwetst. Je hebt veel dubbele tekens geaspecteerd. De Maan, die steeds in andere gedaanten opduikt, de Boogschutter, die hemels en aards is tegelijk en tegenover de Tweelingen staat, en je hebt bovendien een gespleten Pluto hard naar je Maan toe staan. Als je je Zon dan ook nog vierkant op Pluto hebt staan transformeer je zoveel, dat je ten slotte zelf niet meer weet waar het nu eigenlijk om gaat. Maar die wilde Pluto staat mooi naar je Venus en hij staat met al zijn plutoonse energie in het huis van de publiciteit. Daar zul je dus flink zitten te knoeien, daar waar je tegelijk met je gevoel zit en waar je naam wilt maken.'

'Dank je,' zei ik, omdat ik dankbaar was.

Hij tilde zijn hand op en draaide een kringetje boven zijn hoofd.

'Je hebt het niet van mij,' zei hij bedeesd, 'het staat al geschreven.'

Het was voorbij sluitingstijd en ik had het niet in de gaten. Ik luisterde, hoewel ik me afvraag of de mengtoestand van verdoving en opwinding de naam luisteren verdient. Over zowat alles in de wereld heeft de een of andere specialist, kenner, professor of moralist ooit wel eens beweerd hoe iets in zijn meest optimale vorm hoort te zijn. Goed luisteren vereist inleving en het achterwege laten van vooroordelen. Dergelijke wetten. Daar ben ik altijd erg gevoelig voor geweest. Toen ik nog maar weinig boeken gelezen had onthield ik met het grootste gemak de wetten voor iedere vorm van goed gedrag, het correcte optreden, de juiste handelswijze. Zonder wetten wist ik me geen raad. De anderen ook niet, dacht ik nog. De moeilijkheden doken op toen ik meer boeken ging lezen en ontdekte dat er over hetzelfde onderwerp meerdere en ook verschillende wetten bestonden. Ronduit tragisch werd het toen ik in de gaten kreeg dat de anderen weliswaar wetten in hun hoofd hadden, maar zelden of nooit boeken lazen. Ze haalden ze ergens anders vandaan. Het was mij een raadsel waar vandaan. Sommige mensen lijken de wetten van nature in zich te hebben. Ze hebben geen boeken gelezen en toch een mening, een overtuiging, een idee over hoe de wereld in elkaar hoort te zitten. Ze zijn overtuigd van hun gelijk en hoeven nergens op te zoeken hoe ze over iets moeten denken.

Ik begreep niet hoe dit mogelijk was. Ik was bang dat ik geen natuur had. In het beste geval had ik er ooit wel een gehad, maar was ik haar kwijtgeraakt, ergens, onderweg.

Luisteren, zoals ik die middag luisterde naar de astroloog, had in ieder geval weinig meer van doen met het me inleven in het verhaal van iemand anders. Dit verhaal ging over mijzelf en het was voor tachtig procent onbegrijpelijk. Hele brokstukken van zinnen waren voor mij onverstaanbaar. Toch luisterde ik. Ingebed tussen de afflicties en sextielen en de conjuncties van het dalende teken op de trichonen van het eerste huis, parelde het eigenzinnige idioom van de astroloog. Hij polste alleen of ik begreep wat hij zei, wanneer hij een Franse uitdrukking gebruikte, waar hij zo snel geen Nederlandse vertaling voor vond, of wanneer hij met een zinnebeeld de effecten van de planetenstanden op mijn doen en laten wou weergeven. Nooit wanneer hij het had over de berekeningen die voor mij werkelijk onbegrijpelijk waren.

De volgende vrijdag stond hij, vijf minuten nadat ik de winkeldeur van het slot had gedaan, op de drempel. Hij treuzelde bij het binnenkomen, keek verontschuldigend en speurde gespannen mijn gezicht af. Ik verdacht hem ervan dat hij in een kroeg had gewacht tot ik de hoek om-fietste en nauwelijks het geduld had kunnen opbrengen om zijn kop koffie leeg te drinken.

Net als bij de eerste ontmoeting bekroop mij een ge-voel van kregeligheid toen ik hem zag. Het verbaasde me, want ik had de week daarvoor van zijn verhalen genoten en hij was zo gul geweest met zijn ouderwetse kennis. Wat was het? Was het dat hondse in zijn houding, een dierlijke uitwaseming van zwakte, nederigheid, afhan-kelijkheid?

In de jaren daarna, toen ik hem regelmatig zag en zelfs een keer met hem meereisde naar Parijs, zag ik het ook bij de weinige vrienden aan wie hij me voorstelde en zelfs bij de vrouwen met wie hij de liefde maakte, zoals hij dat noemde. Al was het maar een fractie van een seconde, ze hadden allemaal in eerste instantie iets afwerends in hun blik als ze hem weer zagen. Ik nam het mijzelf kwalijk en heb het mij daarna nog honderden keren verweten, maar het was onbeheersbaar. Het wende niet en het ging nooit over. Het leven van de astroloog leek mij onaangenaam. Ik snapte niet hoe hij het zo lang volhield. Zelfs zijn meest dierbaren bleven mensen die iedere keer opnieuw veroverd moesten worden en een jarenlange omgang be-hield de stuntelige hoekigheid van een eerste verken-ning. Pas toen ik zijn moeder ontmoette begreep ik het beter.

De astroloog had sinds kort zijn intrek genomen in een nieuw appartement en zijn moeder zou hem daar komen opzoeken. Ik kende hem toen een jaar of twee, maar zag hem soms in geen maanden, omdat hij dan in Frankrijk verbleef, ergens. Hij liet geen adres achter. Een enkele keer stuurde hij een ansichtkaart of een korte brief. Hij noemde mij *Monsieur Lune*. Volgens hem zag ik eruit als een Rubensvrouw in soldatenkleren, wat voor hem logisch was, omdat mijn Maan met mijn Mars worstelde. Wat mijzelf aangaat is mij nog nooit iets logisch voorgekomen en ik heb er bovendien plezier in om zoveel mogelijk theorieën, ideeën en gedachten los te laten op welk vraagstuk dan ook.

Over hoe het zit met mannen en vrouwen heb ik wel nagedacht, maar ik kan het onmogelijk simpel zien. Begin al maar eens met Adam en Eva, dan blijkt het probleem niet zozeer of ze het samen goed kunnen vinden en genoeg om elkaar geven, maar dat een ongedefinieerd geluk verstoord wordt door iets anders, een derde, een duivel in een handige vermomming, een God die zich overal mee bemoeit, maar nu net niet met de duivel, door het stelen van de kennis en dat het nu juist Eva is die zich laat verleiden iets op te eten, wat ze helemaal niet op mag eten, daarmee de wet schendt en op haar beurt Adam verleidt daaraan mee te doen. Hoe meer erbij komt hoe liever ik het heb. Wanneer ik de verhouding tussen mannen en vrouwen kan verbinden met de verhouding tussen God en de duivel, de kennis en de zondeval, zal ik het niet laten. Samen met de astroloog kwamen er nog een Zon en een Maan bij en ik vond het best, het prikkelde mijn fantasie. Met de Zon en de Maan alleen zou ik het niet kunnen stellen.

De astroloog wel en eerlijk gezegd stelde het me gerust dat deze enorme reductie zijn leven er niet simpeler of doorzichtiger op maakte.

Als de astroloog na een reis weer terugkeerde in Nederland ('Holland' zei hij) zocht hij me onmiddellijk op. Hij bracht altijd iets voor me mee, een of meerdere boeken en een stuk kaas of een droge worst met knoflook. Alles was verpakt in een bruine papieren zak, waarop hij met viltstift 'Voer voor Monsieur Lune' geschreven had. De eerste dagen na zijn terugkeer was er geen land met hem te bezeilen. Hij klaagde over de kilte en onaantastbaarheid ('ils ne sont pas tactiles') van de Hollanders, de onmogelijkheid hier werkelijk met iemand contact te hebben, over het verschil tussen hier en daar. Zodra hij de grens passeerde sprong Holland op zijn rug en had hij het gevoel iets zwaars mee te torsen, iets dat hem neerdrukte, waardoor hij nauwelijks rechtop kon lopen en moeite had met ademhalen. Hij huilde steeds vaker.

Uit zijn beschrijvingen van het leven daar, met de Fransen die hij tijdens zijn reis had leren kennen, dook voor mij steeds het beeld op van de jaren zestig. Daar heb ik een intuïtieve afkeer van. De jaren zestig zie ik als de middeleeuwen van de twintigste eeuw, al is dit beeld net zo intuïtief als mijn afkeer. De middeleeuwen zijn de middeleeuwen en daar in de geschiedenis op hun plaats. Als de middeleeuwen te voorschijn komen in de twintigste eeuw is de tijd van haar plaats gerukt en gebeurt er iets onwezenlijks, iets onechts, een onoorbare herhaling zogezegd. Dat is het volgens mij. De jaren zestig maken op mij de indruk onwaar te zijn, een valse scène in het toneelstuk van de tijd. De onwaarheid was een roes en iedereen leefde in de meeslependheid van de leugen. De leugen was de ontkenning van de twintigste eeuw en ze drong door in de lichamen, de gebaren, de verhoudingen en vooral in de huid van de taal.

Ik zei wel eens tegen de astroloog dat hij thuishoorde in de middeleeuwen. In die tijd had hij over de straten kunnen zwerven en zou overal een onderdak gevonden hebben, omdat hij kennis had van de sterren en de mensen zou kunnen voorspellen of ze vandaag of morgen moesten oogsten en hoeveel jongens en meisjes er nog geboren zouden worden. Toen geloofden de mensen dat op een andere manier dan nu. Hij zou voedsel krijgen en zo lang mogen blijven als hij wilde, want hij was per slot van rekening een vriendelijke man en vroeger namen de mensen de eigenaardigheden van het zwerversvolk gemakkelijker voor lief.

Ik weet niet of het iets uitgemaakt had voor de astroloog.

Soms denk ik van wel.

Hij had mij verzocht naar zijn huis te komen, liefst ruimschoots voordat zijn moeder zou arriveren. Ik was er bijtijds en reikte hem de appeltaart aan die ik voor de gelegenheid gebakken had. Met een voor hem ongewone nonchalance nam hij de taart uit mijn handen en zette haar op het aanrecht. Hij was erg nerveus.

Zijn kamer stond vol met kartonnen verhuisdozen. Op de kachel stond een pan met soep. Hij kwam net onder de douche vandaan en had zijn natte haar in een scheiding gekamd. Daardoor zag hij er uit als een schooljongen. Ik had opeens met hem te doen en legde een hand op zijn onderarm. Iets in hem begon te kolken. Hij slikte heftig. Het was alsof er achter zijn borstkast brokken samengebalde lucht tegen een schild aansloegen. Met zijn linkerhand greep hij naar mijn schouder, de rechter sloeg hij voor zijn mond, waar een langgerekt, rauw geluid uitkwam.

'Ik haal het niet,' kreunde hij, 'ik haal het niet. Zij wint.'

'Wat haal je niet?' fluisterde ik, omdat ik bang was.

'Oktober.'

'Wat is er in oktober?'

'Dan gaat het er beter voor mij uitzien.' Hij haalde moeilijk adem en vertelde iets over verschuivingen in de sterrenhemel, gunstige planetenstanden, opgeheven blokkades en vrij te komen energie.

'Had ik jouw Mars maar. De mijne ligt hopeloos in de vernieling. Ik kan alleen maar woedend worden op de schaduwen. Ik kan mijn vijanden pas vermoorden als ze van zichzelf al morsdood zijn. Soms fantaseer ik erover het lijk van mijn vader uit de grond te dabben en hem alsnog overhoop te steken. Het is verschrikkelijk, ik wacht op de dood van mijn moeder, zodat ik haar kan vermorzelen. Jij verwoest tenminste bij het leven, dan heb je er nog wat aan. Zoals het nu gaat kom ik geen stap verder en mijn leven gaat voorbij. Maar zolang mijn moeder nog leeft is er voor mijn leven geen plaats, het kan gewoon niet plaatshebben. Zo is dat, ik zie het ook in onze thema's. Een van ons moet verdwijnen, zij of ik. En zij heeft de langste adem.'

Hij was steeds grimmiger gaan klinken en hij zag dat ik ervan schrok en niet wist wat ik moest zeggen. Hij pakte mijn hand vast en kneep er in.

'Ik doe toch alles zoals je het hoort te doen. Ik loop

rond, ik kijk, ik doe de boodschappen in de winkels, ik praat over de eenvoudige dingen met de mensen op straat en over de moeilijke met mensen als jij, maar het is toch alsof het leven buiten mij om gaat, alsof ik er niets mee te maken heb, begrijp je dat? Het is mijn eigen leven, maar ik consumeer het niet.'

Tegen de astroloog kon ik onmogelijk beginnen over het ontvluchten van de realiteit, moeder- en vadercomplexen, Oedipus en heel het arsenaal van verklaringen, waarmee je bij iemand anders nog wel eens aan wilt komen zetten om wat licht in de zaak te brengen. Hij had een weefsel over de wereld gelegd en de knopen van het weefsel hadden met de hemel te maken, met sterren, graden, getallen. Hij had zichzelf opgenomen in dit weefsel en als ik aan een van de draden zou tornen vielen er gaten en zou de waanzin door alle mazen van het net naar buiten glippen.

Een half uur later belde zijn moeder aan. Het was een kleine, tanige vrouw met steil, spierwit haar. Ze was al achter in de zeventig, maar had het blozende gezicht van een jong meisje.

De astroloog wachtte haar op bij de deur en toen zag ik het.

Zij had het ook.

Zij begroette hem onwillig, alsof het haar zelf verbaasde ooit deze vijftiger gebaard en gezoogd te hebben. De blik in de ogen van ons, zijn vrienden, was de blik waarmee er altijd naar hem gekeken was. Hij kon geen andere blik ontmoeten dan deze. Hij zocht hem.

Maar Christus, dit was zijn moeder.

Hij haalde oktober van dat jaar en vertrok in die maand voor onbepaalde tijd naar Frankrijk, vertrouwend op een aantal veranderingen waarvan hij niet wist welke het zouden zijn, maar waarvan hij dacht dat ze goed voor hem waren.

Rond Kerstmis ontving ik een brief.

Arles, 19 december 1982

Cher Monsieur Lune,

Het is toch anders gelopen dan ik verwacht had. Ik voel wel dat er veel gebeurd is en het leek er ook even op dat het beter met mij zou gaan, want ik was actiever en heb aardige mensen ontmoet. Maar het is er nog steeds, dat iets dat altijd aanwezig is, in mij zit, in de knop, embryonaal en rustig zijn tijd afwacht en bij alles wat ik onderneem opduikt en dan wat waardevol voor mij is vernietigt. Mijn geluk is wormstekig. De worm moet coûte que coûte weg, opgeruimd. Maar hoe? Et quand? Hij zit in mijn thema. Nooit greep, in alles dat slopende.

Hoe gaat het met jou? Ça va? Jij bent ook alleen, maar jij geniet ervan. Ik niet. Jij hebt je opgesloten met de grootste criticus van jezelf (☉ ☌ ☽), maar ik draag een zelfvernietiger met me mee. Vertrouwen houden.

Het is wel mooi hier, sneeuw. Bon Noël. Je t'embrasse. Moi.

Ik zag hem terug in het voorjaar. Hij zou maar een week of drie in Nederland blijven, want hij was in Frankrijk met iets groots bezig. Hij speelde mee in de lotto en had een systeem ontworpen aan de hand waarvan hij kon voorspellen welke cijfers hij in moest vullen om de grote prijs binnen te halen. Om het systeem volmaakt rond te kunnen krijgen had hij een krantje nodig waarin iedere week de getallen vermeld stonden waarop het lot gevallen was.

Hij was er opgewonden over. Thuis gooide hij urenlang met dobbelstenen en maakte reeksen met cijfers. Het was voor het eerst, zei hij, dat hij langer dan drie uur achter elkaar in zijn huis kon blijven.

Concentratie is heilzaam en als hij bij mij op bezoek kwam gaf ik hem steeds de geboortedatum op van iemand die ik pas had leren kennen. Het verhaal over mijzelf had ik nu wel op papier en mijn nieuwsgierigheid naar mijn thema was getaand. Bovendien had ik ontdekt dat de astroloog vooral oog had voor een mogelijke combinatie van onze horoscopen. Volgens hem stonden onze planeten zeer gunstig ten opzichte van elkaar en was het alleen mijn Mars-Neptunus-conjunctie die een eventuele relatie in de weg stond. Wat mij betrof stond er heel wat meer in de weg, maar ik had geen zin het daar met hem over te hebben.

Als de astroloog iemand ontmoette vroeg hij aan die persoon meteen de benodigde gegevens. Thuis controleerde hij dan of er iets voor hem in zat. Wat hij het liefst zou ontdekken was een thema dat rimpelloos aansloot op het zijne, de perfecte combinatie van twee lotgevallen, waarbij de tekorten aangevuld en de hybris wederzijds afgeremd werden. Relaties waren zijn specialiteit.

Als hij op bezoek kwam gaf ik hem soms te kennen geen tijd voor hem te hebben, maar als ik hem binnenliet zorgde ik ervoor dat hij aan het woord bleef. Hij bracht me altijd op nieuwe ideeën, legde verbanden waar ik zelf niet zo gauw op kwam en haalde al zijn beeldmateriaal bij de goden en godinnen, die ik op mijn beurt weer geschikt vond om ze te verbinden met iets waarin ik mij op dat moment verdiepte. Mythen kun je op geen betere manier leren kennen dan door iemand voor wie ze nog een levend onderdeel vormen van de werkelijkheid.

Zo kregen langzamerhand ook de mensen met wie ik voor langere of kortere tijd omging het karakter van een personage in de altijd zo eigenaardige verhalen van de astroloog. Ik gaf hem de coördinaten en hij schilderde het landschap van hun sterrenhemel. Professor De Waeterlinck, Daniël Daalmeyer en Clemens Brandt werden door de astroloog te voorschijn getoverd zonder dat hij ze ooit had ontmoet of zou ontmoeten.

Ik probeer mij wel eens voor te stellen hoe het er in zijn hoofd uitzag. Dat is geen gewoonte van mij, want bij de meeste mensen kom ik er niet op. Bij de astroloog wel. Als hij ergens een verklaring voor zocht of mijn verzoek inwilligde om eens te kijken hoe de hemel erbij stond toen deze of gene geboren werd, draaide hij zijn ogen omhoog en dan was het alsof hij ze helemaal naar binnen wou kantelen, zodat ze een diascherm in zijn hoofd konden bekijken waarop altijd dezelfde tekening verscheen: een cirkel.

De cirkel is verdeeld als een taart, in twaalf stukken. In de punten van de zo gevormde driehoeken staan cijfers. Rondom en in de cirkel verschijnt een oneindig variërende reeks van tekens en getallen. De tekens zijn de sterren en ze zijn altijd in beweging geweest en ze bewegen iedere dag maar door. De astroloog kon moeiteloos het ronddraaiende wiel stop zetten en uit zijn hoofd een cirkel op het scherm projecteren, waarop de hemel stond afgebeeld zoals die eruit zag op, zeg 25 december 1934 om twaalf uur 's nachts.

Volgens de biografieën werd op 25 december 1934 om twaalf uur 's nachts Lucas Asbeek geboren en de astroloog zei dat wij elkaar ooit zouden ontmoeten, elkaars kleren zouden scheuren en ik mijn pluimen zou verliezen.

Daar heeft hij gelijk in gekregen.

Zijn tweede bezoek viel in het najaar. Hij had worst en *Le plaisir du texte* van Roland Barthes voor me meegebracht en vertelde over de mislukking met de lotto. Zijn systeem klopte perfect en hij had exact geweten wat hij had moeten invullen om de prijs te winnen, maar er was iets geweest waardoor hij net andere cijfers had ingevuld. De prijs was wel degelijk gevallen op de reeks uit zijn systeem en hij had zichzelf en die worm in hem vervloekt. Hij had kansen genoeg, maar was verdoemd ze te vergooien. Hij was zijn thema spuugzat. Hij was moe.

Op een dag in de herfst belde hij aan en kwam mompelend de trap op gestommeld. Ik wachtte hem op in de deuropening met het voornemen hem snel duidelijk te maken dat hij ongelegen kwam en dat ik bang was uit mijn ritme te raken als ik nu mijn werk zou onderbreken. Hij was nog maar halverwege de trap en stak iets omhoog, waarvan ik niet zag wat het was.

'Kijk, kijk,' zei hij opgewonden, 'het is zo bizar!'

Zonder mij te groeten liep hij langs me en liet de tas van zijn schouder glijden. De astroloog verloor zelden de egards uit het oog en had zo'n wilde blik in zijn ogen, dat ik besloot hem op zijn minst even aan te horen. Hij opende zijn hand en liet mij zien wat hij daarnet omhoog gehouden had. Het was een lipstick.

'Kijk,' zei hij en draaide de huls zo dat ik de goudkleurige sticker op het uiteinde ervan kon lezen.

'Fruity Sorbet,' las ik hardop.

'De drieëndertig,' zei hij verontwaardigd.

Ik schrok. Om geen demper op zijn onverwachte vrolijkheid te zetten zei ik dat het inderdaad opvallend was.

De afgelopen weken had hij het steeds over de drieëndertig gehad. Naar zijn zeggen had het getal van kindsbeen af een rol in zijn leven gespeeld. Hij kon zich huisnummers, data, uren, nummerborden van auto's en districten herinneren, ze vangen onder het getal en verbinden met belangrijke belevenissen in zijn leven, waar ter wereld hij zich ook bevonden had en op welke leeftijd dan ook.

Hoe belangrijk het voor hem was had ik pas beseft toen hij de keuze moest maken een nieuw huis te betrekken of ervan af te zien. Het huis dat hem werd aangeboden was vele malen beter dan het huis waarin hij op dat moment woonde en zo te zien was het een mogelijkheid die hij met beide handen moest aangrijpen. Niemand zou ook maar een seconde getwijfeld hebben, maar de astroloog was in paniek. Toen ik hem vroeg wat nu zijn bezwaren waren, zei hij dat hij nog niet wist welk huisnummer hij op het nieuwe adres zou krijgen. Zoals het er nu uitzag zou het nummer dertien worden en met de dertien had hij niks. Een week daarna had hij het bericht gekregen dat hem de derde etage was toebedeeld.

'Het is toch weer de drieëndertig,' had hij triomfantelijk gezegd. 'Ik kom te wonen op 13 c en de c staat eigenlijk voor een 3.'

Daarop had hij zijn spullen ingepakt en de woning betrokken.

Hij stond tegenover me en had zijn jas nog aan. Glunderend vertelde hij over een slapeloze nacht, waarin hij wakker gebleven was, omdat het in zijn kop bleef spoken en hij maar niet kon beslissen of hij nog langer in Nederland zou blijven of weer naar Frankrijk zou vertrekken. Pas tegen de ochtend was hij in een lichte slaap gesoesd en meende besloten te hebben uit Nederland weg te gaan. Erg zeker van zijn zaak was hij niet geweest.

's Ochtends was hij opgestaan en had in zijn voorraadkast gezocht naar iets eetbaars omdat hij, wat nooit voorkwam, geen trek had in gewoon brood. Waar hij wel trek in had wist hij niet. Terwijl hij wat blikken en pakjes opzij duwde had hij opeens een levensgrote drieëndertig gezien. Het was het merk van koeken die hij ooit uit Frankrijk had meegenomen en sindsdien onaangeraakt had laten liggen. De vondst sterkte hem in de overtuiging een goede keuze gemaakt te hebben. Hij moest zo snel mogelijk uit Nederland vertrekken.

De koeken waren taai, maar hij had ze met smaak verorberd. Allemaal. 'Ook om de drieëndertig binnen te krijgen,' zei hij.

Er kon niets meer fout gaan. Hij was begonnen met het pakken van zijn koffer en besloot nog even bij mij langs te gaan om afscheid te nemen. Op de drempel van mijn

deur stootte hij met zijn voet tegen iets dat voor hem uit-
rolde en hij had deze lipstick opgeraapt, waar op de achterkant het magische getal prijkte.

Hij keek mij aan alsof hij een zege had behaald. Rondom zijn ogen lag een donkere schaduw en zijn oogleden
waren gezwollen en rood, maar alles wat aan ogen kan
schitteren deed dat ook en ik durfde hem niet te zeggen
wat ik dacht.

Hij vertrok nog diezelfde dag. In de loop van de avond
werd ik misselijk en moest overgeven. Ik dacht dat ik
hem nooit meer terug zou zien.

Dat is ook zo.

Aan een talent moet je gaan staan zoals je aan het leven
gaat staan, want op een dag vallen ze samen en betekent
het leven jouw talent en is het jouw talent om te leven.
Een talent dat een bedrieglijke belofte blijft wordt je
dood, daar ben ik van overtuigd. Het gaat binnen in je
zitten kankeren over hoe het leven had kunnen zijn en
op een gegeven moment over hoe het had moeten zijn.
Datgene dat je omhoog had moeten trekken, naar de
schoonheid van een eigen leven, naar de uitzonderlijk-
heid ervan, trekt jou op den duur omlaag, naar de dood,
de grote gelijkmaker.

Toen de astroloog zo tegenover me had gestaan, met
die lipstick in zijn hand, kromgetrokken van een smeu-
lend lijden, was het opeens tot me doorgedrongen in
hoeverre we op elkaar leken en wat ons van elkaar onder-
scheidde. Wat we deden kwam op hetzelfde neer, maar
we voelden ons aan een andere causaliteit onderhevig.

Hij liet het aan het leven buiten hem over om hem ervan te overtuigen dat zijn leven een betekenis had, dat hij er recht op had, erin opgenomen was, het goed deed en dat zijn leven klopte. Iedere dag verwachtte hij een schouderklopje van de wereld, een teken van het toeval, zodat het toeval zelf ontmaskerd kon worden als een wet en van een blinde, indolente godin veranderde in een zachte, kommervolle moeder, die een oogje hield op haar kroost en het voortdurend bewaakte. De astroloog verdroeg de onverschilligheid van het lot niet en daardoor verdroeg hij het leven niet. Hij viel er niet mee samen.

Het leven moest hem bevrijden uit zijn gruwelijke afzondering door hem op te nemen in een groot verhaal en hem zo het bewijs te leveren van de noodzaak van zijn bestaan.

Bij mij ging het andersom. De afzondering was de enige positie van waaruit ik het leven meende te kunnen bevrijden van haar betekenisloosheid en van waaruit ik van de eenzame, zielloze dingen tekens kon maken, zodat ze nog ergens, in een zelfverzonnen verband, betekenis konden hebben.

Het leven had mij nodig. Zonder mij bleef het nergens.

II

De epilepticus

De filosofiecolleges werden gegeven in een tweetal oude gebouwen in het centrum van de stad. Het waren de enige gebouwen die zich konden meten met de statige universiteitsgebouwen in Oxford of Cambridge, zoals ik ze weleens op films had gezien en die voor mij de oerbeelden waren geworden van hoe een universiteit er uit hoort te zien. Alhoewel mijn studentenleven in geen enkel opzicht overeenkwam met het leven van de helden uit dat soort films, had ik, op het moment dat ik de zuilen van de poort passeerde en gedragen werd door de stilte van het kleine, ronde plantsoen, het idee een film binnen te wandelen en bezig te zijn met iets voornaams.

In het midden van het perkje stond een hoge boom en op de grond, in de schaduw van de bladeren, stond de buste van Minerva op een sokkel geplaatst. Als je met een boog om haar heen liep was het alsof ze jou met haar ogen volgde en daarom wendde ik altijd mijn blik af en moest dan de lelijke steen met de uitgehouwen hoofden van Vossius en Barlaeus aanzien. Hun koppen vond ik mislukt, maar alleen al de namen van die twee beroemde melancholici waren voldoende om de sfeer van uitverkorenheid nog even vast te houden en me gelukkig te prijzen in een stad van dichters en wetenschappers beland te zijn. Iedere waan van bijzonderheid werd weggevaagd zodra ik de glazen deuren openduwde en de grote hal van het gebouw betrad. Hier regeerde de democratische geest van de twintigste eeuw.

Openbare gebouwen kunnen aan de buitenkant de geschiedenis vasthouden, als ze in gebruik blijven zal de binnenkant de kleur aannemen van het heden. Dat komt, vreemd genoeg, door de buitenkant van de dingen en de mensen, door hun vormen, hun kleding, het geluid dat ze maken en door hun gebaren. Mensen volgen modes en of in al die eeuwen het wezen van de mensen veranderd is, daar wil ik vanaf zijn. In ieder geval weet iedere eeuw zich weer opnieuw listig te nestelen in de plooien van hun kleren, in de choreografie van hun gebaren, in de klankkleur van hun woorden en in de dramatiek van hun emoties. Hele decennia hebben zich onttrokken aan de anonimiteit van de tijd door achter het masker van een eigen gezicht de voortgang van hetzelfde te verbergen en de eeuwen vinden altijd weer de mensen bereid om het masker van de tijd te dragen en zo zijn karakter voor hun rekening te nemen.

In de hal stonden overal groepjes mensen en op de grond lagen tassen in alle kleuren en soorten verspreid. Als ik ergens binnenkom waar zoveel mensen bij elkaar staan heb ik het idee dat ik van tevoren goed moet weten wat te doen, ferm naar iets of iemand toe moet lopen en regelrecht mijn gang moet gaan. Stil blijven staan en daar ter plekke over na gaan denken kan niet.

Op het eerste gezicht had ik geen bekende ontdekt en ik liep direct naar de lift in een van de gangen die op de hal uitkwamen. Naast de liftdeur hing een bord met de plattegrond van het gebouw. Ik zocht het nummer van de grote collegezaal, H 211. Professor De Waeterlinck zou in deze zaal hoorcolleges geven over de hedendaagse filosofie.

'De Waeterlinck is een mythe,' had Daniël Daalmeyer tegen mij gezegd en zijn verhalen over de professor en de inhoud van zijn colleges hadden me nieuwsgierig gemaakt. Het was de enige filosofieleraar waar ik tot nu toe iemand bewonderend over had horen spreken. Nederland staat bekend om een schrijnend gebrek aan originele filosofen en de colleges die ik tot dan toe had gevolgd gaven me alle reden dat oordeel te onderschrijven. Wat de meesters aangaat had ik alleen kennis gemaakt met uit de kluiten gewassen scholieren, die het oeuvre van een filosoof uit het buitenland tot in de voetnoten beheersten en er vooral in uitblonken met andere woorden na te vertellen wat door de filosoof zelf in veel fraaier proza op papier was gezet. Er was er niet een met een eigen verhaal. Het leek wel alsof er een verbod op rustte zelf met een idee op de proppen te komen. Onder het adagium van de zelfwerkzaamheid van de student was het merendeel van de colleges omgedoopt tot werkcollege, wat erop neerkwam dat je gedachten, die je niet had, moest verdedigen tegenover andere studenten, die er ook geen hadden. Meestal zat er in zo'n groep studenten wel een of andere megalomane twintigjarige, die zichzelf als een origineel denker beschouwde en tijdens ieder college de kans greep uitvoerig zijn wereldbeschouwing uiteen te zetten of aan wou tonen hoe hij al op zijn twaalfde de categorische imperatief van Kant ongeldig had verklaard.

Wat door de docenten aangemoedigd werd, was voor mij een kwelling en de reden waarom ik de werkcolleges zoveel mogelijk meed. Ik probeerde mijn studie zo in te richten dat ik thuis boeken kon lezen of zwijgend hoorcolleges kon volgen.

Net zo min als de binnenkant van de gebouwen, stemden de colleges overeen met het oerbeeld dat ik van een universiteit had. Het enige dat me vanaf de eerste dag beviel waren de boeken.

Daniël Daalmeyer zag ik voor het eerst in 1981, tijdens een cursus over *Der Zauberberg* van Thomas Mann, een samenwerkingsproject tussen literatuurwetenschappers en filosofen. In het studieprogramma werd gesproken over 'een poging gezamenlijk de wortels bloot te leggen van het huidige nihilisme en de harde esthetica van de hedendaagse schrijvers en filosofen'. In die ene zin stonden zoveel dingen waar ik niets van wist, dat ik besloot de cursus te gaan volgen.

Iedere dinsdagmiddag werd door steeds wisselende personen een aspect van de roman behandeld en tijdens een van die lezingen belandde ik naast een donkerharige jongen aan wie ik geen aandacht besteedde tot het moment waarop hij mij een pen te leen vroeg.

Ik heb alleen mooie pennen.

Ik leen mijn pennen niet graag uit.

Ik kan pas liegen als ik mij er dagen van tevoren op voorbereid heb.

De vraag om de pen kwam onverwacht en ik heb altijd meerdere pennen in mijn tas. Dat kon die jongen niet weten, dus het was eenvoudig geweest om het hoofd te schudden en eventueel nog verontschuldigend naar mijn buurman te kijken, maar ik bukte mij al en haalde het leren etuitje te voorschijn waar mijn mooie Lamy in zat. Met een gezicht waarop ik toch iets wou laten zien van het gewicht van mijn gebaar reikte ik hem de pen aan. Hij nam haar uit mijn handen zonder mij of de pen een blik waardig te keuren, mompelde 'Bedankt' en begon verwoed te schrijven in een klein notitieblok. In de grote collegezalen stonden de stoelen opgesteld als in een amfitheater. De linkerarmleuning van iedere stoel was voorzien van een verschuifbare schrijfplank. Hij was linkshandig. Zijn elleboog raakte bijna de rand van mijn eigen schrijfplank en als de lezing zo dadelijk begon zou ik zelf onmogelijk een pen op papier kunnen krijgen, omdat er onvoldoende ruimte was voor mijn rechterelleboog.

Ik voorzag grote moeilijkheden, werd zenuwachtig en bereidde me voor op de taak om, zodra de lezing begon, ruimte voor mijzelf op te eisen. Eigenlijk wou ik ook het liefst op stel en sprong mijn pen terug.

Achter de katheder stond inmiddels een man van om en nabij de veertig. Hij zat keurig in het pak en haalde een map uit een dure, leren schooltas. Terwijl hij hiermee bezig was keek hij opvallend vaak mijn richting uit, maar toen ik zijn blik volgde zag ik dat zijn ogen zich niet op mij richtten, maar op de jongen naast me. Sinds deze mijn pen overgenomen had, had hij zijn hoofd niet meer van het blad getild en ik begon me af te vragen waarover al die zinnen op die kleine vellen papier zouden gaan. Om een aanraking met de heen-en-weer gaande elleboog te vermijden zat ik kaarsrecht en hield mijn buik in. Ik wou maar dat die man met zijn lezing van start zou gaan, zodat ik in actie kon komen. Maar hij wachtte tot ook de laatkomers een plaats in de zaal gevonden hadden en bleef intussen kijken naar de kruin van mijn buurman.

Het was de derde lezing in de reeks en ze had de relatie tussen Hans Castorp en Clawdia Chauchat tot onderwerp. De naam van de persoon die vandaag zou spreken, kon ik mij niet meer nauwkeurig herinneren, iets van Muden of Uden had ik in het programma zien staan. Wat ik mij wel kon herinneren was de waslijst publikaties, die onder zijn naam vermeld stond en de relatief jonge leeftijd waarop hij was gepromoveerd.

De elleboog van mijn buurman ging nog steeds op en neer. Ik was opgelucht toen ik de man achter de katheder aan een leerling hoorde vragen de deur achter zich te sluiten. Ik tikte op de schouder van de schrijver en duidde met twee naar buiten gekeerde handpalmen en een onnozel gezicht op de benauwdheid van mijn positie. Hij keek mij verdwaasd aan, alsof ik hem uit een diepe trance gehaald had, keek naar de punt van zijn eigen elleboog, daarop naar mijn schrijfplank en zei toen veel te luid: 'Oh, sorry.' Enkele mensen voor ons draaiden zich om. Op een manier die ik ken uit de kerk, vloog mij een blos aan, had ik de neiging te gaan giechelen en naar iedereen die zich verstoord voelde te knikken. Niets is zo bevorderlijk voor de lach als een situatie waarin het verboden is te praten, te lachen of enig ander geluid te maken. Het kostte me moeite het lachen te onderdrukken. De jongen naast mij had daar weinig last van en probeerde zijn stoel zo te draaien dat er ook voor mij voldoende ruimte was om te kunnen schrijven. Als ik mijn rechterarm tegen mijn ribben drukte lukte het wel en wij knikten elkaar toe om de schikking te bekrachtigen. Hij boog zich weer over zijn papier en ik keek naar de spreker, die zich inmiddels had voorgesteld als Stefan Duden en het onderwerp van de lezing toelichtte.

Wat het precies is weet ik niet, noch waar zo'n houding vandaan komt, maar zodra iemand zijn mond opent om te spreken, wil ik geen woord missen van wat er gezegd wordt, ook al is het onderwerp van geen enkel belang. Ik kleef aan de woorden van de voordracht, verlies het besef van omgeving en voel me onderweg. Terwijl ik wel degelijk hoor wat een ander zegt raak ik tegelijkertijd in mijzelf gekeerd en komt er in mijn hoofd iets op gang, een tuimelen en struikelen van woorden, een in elkaar haken van thema's en beelden, opgeroepen door de willekeurige woorden van de ander en door deze op een spoor gezet, waarop ik ze zelf niet had kunnen zetten. Iemand kan het hebben over de aansluiting van een telefoon op een netwerk van kabels en daarbij juist die woorden gebruiken waardoor mij plotseling iets duidelijk wordt over de aard van het gezin, om maar eens een voorbeeld te noemen.

Het heeft iets bedrieglijks, want ik heb vaak meegemaakt dat iemand met wie ik sprak, helemaal opleefde, omdat ik door vragen en opmerkingen de ander aan bleef sporen vooral door te gaan met vertellen. Ik realiseerde mij dan dat die verteller wel moest denken dat het enthousiasme voortkwam uit pure interesse voor de inhoud van het vertelde verhaal, maar het was vooral het verhaal dat zich parallel in mijn hoofd vormde, waarvan ik opgewonden raakte en dat ik tot een geheel wou afronden.

Naarmate de lezing van Duden vorderde werd de jongen naast mij onrustiger. Af en toe mompelde hij iets, telkens zo luid dat de mensen op de rij voor ons verstoord omkeken. Het waren afkeurende opmerkingen, waarbij hij dan driftig zijn hoofd schudde.

Hoewel het mij ergerde was ik ook nieuwsgierig naar wat er tussen Stefan Duden en de jongen speelde. Ik twijfelde er niet aan of ze kenden elkaar, ook al had de eerste, sinds hij met de lezing begonnen was, niet meer onze kant opgekeken. De jongen daarentegen keek nu onafgebroken in de richting van de spreker en probeerde met klakkende geluiden van zijn tong de aandacht te trekken van Duden.

Ongeveer tien minuten voordat de lezing door een pauze onderbroken zou worden, hoorde ik mijn buurman opeens hardop 'Nee, nee en nog eens nee!' zeggen, zag hoe hij zich uit zijn stoel wurmde, met een ruw gebaar het notitieblok en de pen in zijn jaszakken propte en zich via de rij voor ons een weg naar buiten baande. Zonder hem daarbij aan te kijken zei hij:

'Man, hou toch op. Ik weet toch waar jij het eigenlijk over hebt, Stefan.' De naam sprak hij uit op een manier die deed vermoeden dat hij meer van hem wist en iedereen duidelijk wou maken dat Stefan in werkelijkheid anders heette.

'Daar gaat mijn pen,' schoot het door mij heen toen de jongen de deur van de collegezaal met een harde klap achter zich dichttrok. Duden had hem nagekeken, zijn gezicht weer naar de zaal gekeerd en met een glimlach voorgesteld de pauze iets vroeger in te lassen.

'Over pakweg een kwartier verwacht ik u allen weer hier terug,' had hij gezegd. Hij bleef achter de katheder staan en boog zijn hoofd over zijn papieren.

Buiten keek ik rond of ik de jongen nog ergens zag, maar de gang was leeg.

Na de pauze bleef de plaats naast mij onbezet, maar toen ik via de Oudezijds Voorburgwal naar huis wandelde, zag ik hem uit een van de zijsteegjes komen. Hij liep ruim tien meter voor mij uit, staarde naar de grond, met zijn handen in zijn zakken. Ik versnelde mijn pas, omdat ik nu de kans had mijn pen alsnog terug te eisen.

Of zijn voet bleef haken achter een uitstekende klinker, kon ik niet zien, maar ik zag hem opeens struikelen en met zijn rechterhand naar een laag, gietijzeren hek grijpen. Hij vond wel enige houvast, maar zakte met een vertraagde beweging door zijn linkerbeen en belandde met een vreemd soort knieval op de grond. Daar bleef hij met gebogen hoofd zitten. Hij zag er devoot uit.

Ik liep snel naar hem toe en tikte op zijn schouder. Met een trage beweging van zijn hoofd keerde hij zijn gezicht naar mij toe. Hij was doodsbleek en er parelden zweetdruppels op zijn voorhoofd en boven zijn lip.

'Kan ik je helpen? Heb je pijn?' vroeg ik.

'Dat weet ik nog niet. Ik blijf nog even zo zitten, wacht.'

Ik aarzelde of ik zelf ook neer zou knielen of rechtop

naast hem zou blijven staan. Bij dwergen en lilliputters heb je de neiging om je net zo klein te maken als zij, je voorover te buigen wanneer je met ze spreekt en zo jouw gezicht op hun ooghoogte te brengen. Die neiging moet je onderdrukken, want dwergen en lilliputters vinden dat vervelend en vernederend. Zoiets schoot me door het hoofd, voordat ik besloot me nu toch in een andere situatie te bevinden. Ik hurkte naast hem neer.

'Heb je je bezeerd?' vroeg ik.

Hij schudde zijn hoofd. Zijn hand rustte nog steeds op het hek en ik zag nu dat deze net boven op een uitstekende piek terecht was gekomen. Hij tilde zijn hoofd op, zag waar ik naar keek en grinnikte. Alsof het zo wel genoeg was geweest strekte hij zijn rug, haalde zuchtend adem en nam zijn hand weg van de ijzeren punt.

'Kijk eens aan,' zei hij en liet me de palm van zijn hand zien. In het midden zat een rood puntje, maar de huid was nog intact.

'Fraai,' zei hij, 'zeer fraai. Een waarachtig stigma. Het is werkelijk al te symbolisch.'

Hij lachte spottend en ik lachte met hem mee. Ik hou wel van symboolgevoelige mensen en ik had het vermoeden dat zijn lach om het 'stigma' met zijn gedrag tegenover Stefan Duden te maken had. Ik ondersteunde hem bij het opstaan en wou hem er net aan herinneren dat hij mijn pen bij zich gestoken had, toen hij mij een klap op mijn schouder gaf en zei:

'Theresa, troost der zieken, je verdient een borrel.'

Zo belandde ik die middag in een klein café in de Hoogstraat, waar de jongen zich voorstelde.

'Daniël Daalmeyer, epilepticus. Tweeëndertig, sinds

negen jaar epilepticus, waarvan de eerste zeven jaren uiterst actief en momenteel epilepticus in ruste.'

Hij vertelde zelf nooit zeker te weten of hij over iets struikelde of een moment van 'absentia' had en om een toeval te voorkomen, zich vast bij voorbaat door de knieën liet zakken, om het vallen voor te zijn. Eigenlijk was het nergens voor nodig. De medicijnen waren steeds verbeterd en echte toevallen zoals hij vroeger had, bleven nu al twee jaar uit. Hij had het idee dat zijn hoofd in de loop van de jaren wel naar de onderdrukking van het vallen was gaan staan, maar dat zijn lichaam weigerde blindelings te vertrouwen op de werking van de pillen. Het hield vast aan een oude gewoonte en bleef achter bij zijn hersens. Vooral zijn benen ontpopten zich als hardleers en wantrouwig. Zij begrepen weinig van zijn stemmingen en voor hen was de minste of geringste emotie een heraut van de val. Alle angst en opwinding werden door zijn benen op één hoop geveegd en begrepen als het signaal om te verslappen.

In het begin van het gesprek had hij een vermoeide indruk gemaakt, maar tijdens het vertellen kregen de ogen van Daniël steeds meer glans. Zijn stem werd helderder en vooral luider.

Hij praatte over zijn ziekte als over een eigenzinnig wezen dat zich op een goede dag ongevraagd bij hem had gevoegd om nooit meer weg te gaan. Op zijn manier was hij ervan gaan houden. Door het wezen was hij iemand geworden naar wie hij zelf met verbazing kon kijken en naar wie hij nieuwsgierig was, omdat zijn eigen gedrag voor hemzelf onvoorspelbaar geworden was. Er waren momenten waarop hij zich terugvond in voor hem onbekende ruimten, omringd door zorgzame mensen die hij nooit eerder in zijn leven had ontmoet. Hem overkwamen de gebeurtenissen, maar de grote organisator van wat hem overkwam bevond zich niet buiten hem, maar zat binnen in hem zelf. Hij hield onvoorwaardelijker van dat wezen dan hij ooit van iemand gehouden had. Hij gunde het, zonder een greintje afgunst, het plezier met hem de spot te drijven, zijn zenuwen te bedriegen en te knoeien met zijn spieren. Daarbinnen zette het zorgvuldig hilarische taferelen in scène, al hadden de medicijnen ervoor gezorgd dat het nu niet meer dan wat wedstrijden in valse bewegingen waren.

'Het is een kleine venijnige elf en soms stel ik me voor hoe ze op de rand van mijn hypofyse zit en zich schaterend op de dijen slaat. Zij heeft meer plezier met mij dan iemand anders ooit heeft gehad, dat kan ik je wel vertellen. De laatste jaren is het natuurlijk minder en valt er met mij niet meer zoveel te beleven. Het is gek, maar soms spijt mij dat. De medicijnen zijn een zegen en hebben tegelijkertijd iets voor mij kapot gemaakt, iets tussen die elf en mij. Soms ben ik bang dat ze helemaal verdwenen is en de medicijnen haar om zeep geholpen hebben, maar op een dag als vandaag weet ik dat ze nog leeft en haar gevoel voor humor niet aan originaliteit heeft ingeboet. Ik ben verliefd op de ziekte van het vallen,' schaterde hij, voegde er nog 'Lang leve de ziekte!' aan toe en bestelde weer een glas bier voor hemzelf en een rode wijn voor mij.

Het komt wel vaker voor dat ik iemand voor het eerst ontmoet en mij dan afvraag of ik verliefd op die man kan worden. Als ik dat doe hoeft het al niet meer, want dan word ik het niet. Daniël Daalmeyer was mooi op een manier die ik pas door de ogen van andere vrouwen heb leren zien. Zoals een ander in de loop van zijn leven moderne kunst, Afrikaanse vruchtbaarheidsbeelden of gedichten mooi leert vinden, zo had ik naar de schoonheid van mannen moeten leren kijken. Ik had daar van mijzelf geen oog voor.

Vanaf de dag dat ik scholen bezocht waar de klassen uit zowel meisjes als jongens bestonden, hadden mijn vriendinnen mij erop moeten wijzen dat iemand verliefd op mij was. Ik had niets in de gaten, omdat ik aan de jongens in de klas nauwelijks aandacht schonk. Meestal was ik verliefd op de meester. Meesters waren zelden mooi, maar ze wisten veel en hadden boeken gelezen. Omdat de liefdes heimelijk waren en ik ze verzweeg voor mijn vriendinnen, kon ik hen nooit duidelijk maken waarom ik op mijn beurt niet verliefd werd op de jongens die op mij verliefd waren. Hij had toch zulke mooie ogen, zeiden ze, zulk snoezig krulhaar, zo'n guitige lach. Daarna zag ik pas dat de jongen inderdaad alles bezat wat mij door de meisjes beschreven was, maar hij ging er in mijn ogen toch niet op vooruit. Hij had het gebrek waardoor hij voor mij maar niet begerenswaardig kon worden: hij was jong.

Daniël had donkerblond, sluik haar. Het viel telkens naar voren als hij zijn hoofd bewoog. In het midden zat een scheiding en als het haar als een gordijn voor zijn ogen viel, trok hij de twee zware, uiteenvallende lokken met een hand naar achteren, waar ze dan even op zijn schedel rustten om vervolgens weer naar voren te vallen. Zijn gezicht was smal en van een grote regelmaat. Twee uitstekende jukbeenderen en de wat amandelvormige ogen gaven hem een Indiaans aanzien, waar een gave, goudgele teint dapper aan meewerkte. Daniël Daalmeyer was mooi, heel mooi zelfs, maar Daniël Daalmeyer was jong.

Jong is geen woord dat opgaat voor de jaren, want Daniël was ouder dan ik. Jong is een oordeel.

'Vertel verder,' zei ik tegen Daniël, toen hij terugkwam met de drank. Het verhaal over zijn ziekte had mij bekoord en zijn beeld van de elf had mij aan het denken gezet. Ik was intussen alweer bezig helderheid te krijgen over iets dat mij zo nodig duidelijk moest worden.

Op zijn vierentwintigste had hij zijn eerste toeval gehad. Hij studeerde medicijnen, volgde een avondopleiding schilderen aan de Rietveldacademie, zat in een toneelgroep en was ongelukkig. Hij voelde dat hij alles kon worden wat hij wou en hij kon niet voor een van de mogelijkheden kiezen. Huisarts, chirurg, psychiater, schilder, acteur, regisseur, waar hij zich ook op stortte, het kwam hem voor dat hij het op ieder vlak tot grote hoogte zou kunnen brengen, als hij maar in staat was ervoor te kiezen. Snijden, schilderen en acteren gingen hem met hetzelfde gemak af en daarom was hij doortrokken geweest van een gevoel van zinloosheid, want waar hij voor studeerde kende hij al. Zijn leven leek op een pot schitterende scherven, waarin hij alleen maar fragmenten van zichzelf kon herkennen en nooit de hele persoon. Hij had nog maar één verlangen, heel te worden, zich samen te rapen en bijeen te komen op één punt.

'En toen kwam zij.'

De vallende ziekte was zijn redding geweest, sinds hij haar had draaide zijn leven rondom haar. Zij maakte van hem een man uit één stuk. Zij balde samen wat tot dan toe als een mogelijkheid voor hem had gelegen: de artsenij en de kunst. Hij was nu alleen nog geïnteresseerd in filosofen en schrijvers die iets over de ziekte te melden hadden, las autobiografieën en biografieën van iedereen die geleden had aan het gaf niet welke afwijking, ploos medische encyclopedieën uit van het begin tot het einde en genoot vooral van de theorieën over zijn eigen ziekte, terwijl hij die over andere ook niet versmaadde. Als epilepticus was hij zelf het brandpunt geworden van zijn eigen leven en zijn voornaamste studieobject.

'Heb jij niks leuks onder de leden, Theresa?' vroeg hij onverwacht, 'het zou me enorm voor je innemen.'

Ik bloosde. Waarom? Wilde ik hem voor mij innemen? Was het vreemd door hem als 'Theresa' aangesproken te worden, terwijl ik mij toch duidelijk aan hem had voorgesteld? Of verraste de vraag mij, verstoorde ze te veel mijn luistergenot en doorkruiste ze bovendien mijn voornemen hem zo snel mogelijk te vragen naar zijn relatie met de man die vanmiddag een lezing gehouden had over Der Zauberberg?

Het kan ook zijn dat ik niets had waardoor ik kon concurreren met de poëzie van de vallende ziekte. Iedere andere ziekte stak er schamel bij af, ik was kerngezond. Wel was ik al sinds mijn achttiende onder behandeling van een huidarts, maar ik had mijn huidkwalen nooit als een ziekte ervaren, hoogstens als een last.

'Nee,' antwoordde ik, 'ik heb niets onder de leden, maar mijn leden zelf zijn wel slecht verpakt.'

'Heerlijk!' riep Daniël luid, 'schurft, eczeem, psoriasis, acne, bulten, zweren, wratten, aambeien, jeuk, vervelling, de ziekten van de huid, de fouten in de oppervlakte van het weefsel, geweldig interessant. Ik meen het,' voegde hij eraan toe toen ik hem verbaasd aankeek.

'De ziekten van de huid zijn bij uitstek het kenmerk van tweeslachtige individualisten, wat zeg ik, hyperindividualisten. Er valt genoeg over te zeggen en qua mysterie doen ze voor de mijne niet onder, al ben je iets kariger bedeeld door de filosofen. Dan nog, metaforen, mythen en speculaties te over. Ik heb me vreselijk kwaad gemaakt over onze lieve Susan Sontag. Gaat ze me daar de strijd aanbinden met de metaforen van de ziekte, alsof het al niet erg genoeg is. Het enige wat het de moeite waard maakt om een ziekte te hebben, is de kristallisatie van jezelf in een veelomvattende beeldspraak. Alleen door de metaforen valt er aan de ziekte van alles te beleven en kom je terecht bij figuren die je anders misgelopen zou zijn, bij de engelen of de duivels, al naar gelang.'

'En bij wie hoor ik dan thuis?'

'Luister, in een bepaald opzicht staan jij en ik, volgens de logica van onze ziekten, diametraal tegenover elkaar. Het verborgen, duistere mechaniek van de hersens, tegenover de brutale, exhibitionistische zichtbaarheid van de huid. Wij, de vallers, zijn overgeleverd aan de genade van onze omgeving. In wezen moet het ons koud laten wat anderen van ons denken, want wij keren ons schaamteloos binnenstebuiten als het moet. Als je je te veel bezighoudt met hoe de anderen tegen je aankijken, tegen je stuiptrekkende lichaam met die verwrongen kop, tegen je schuimbekkende mond en je rollende ogen, dan kun je beter een andere ziekte kiezen, want dan heb je met de epilepsie geen leven. Je valt en vertrouwt erop dat er altijd weer mensen zijn die je opvangen of van de grond schrapen, daar komt het op neer.

En dat is nu het vreemde, want we hebben de schijn tegen, iedere ziekte heeft de schijn tegen. Wat een mysterieuze ziekte lijkt, is in feite een ziekte met een ongegeneerd bombastisch, uiterlijk vertoon. De vallende ziekte geeft je diepste wezen, ondanks jezelf, schaamteloos bloot aan het oog van de buitenwereld. Er valt niets te verhullen. Welnu, lijnrecht tegenover deze theatrale ziekte met haar onzichtbare bron, staan de ziekten van de huid, van het uiterlijk dus. Als ik even de metafoor van het theater mag handhaven, dan loopt iemand met een huidkwaal in feite juist altijd te kijk. Als je gezicht onder de puisten zit is dat een onuitwisbare schmink. De ziekte van het uiterlijk geeft zich onmiddellijk prijs, er valt weinig te verhullen. Toch staat deze openlijke aantasting van het pantser bekend als de ziekte van uitzonderlijk in zichzelf gekeerde, wantrouwige mensen. Het is een grote vergissing te denken dat huidkwalen ontstaan door zoiets als een dunne, overgevoelige huid, waar het vuil van de wereld te gemakkelijk door naar binnen kan dringen en dat de lijder te kort schiet in het verweer tegen de schadelijke invloeden van buitenaf. Het tegendeel is ook hier weer waar, Theresa. Huidkwalen ontstaan vooral bij mensen die zich juist pantseren tegen de wereld en zoveel eelt op hun ziel willen kweken, dat er nooit iemand werkelijk tot hen door kan dringen. Mensen met een huidziekte stoten hun dode cellen niet af, bouwen stelselmatig aan een olifantshuid en het is nu net zo'n dikke huid die een weelderige broedplaats wordt voor gezwellen, ontstekingen, jeuk, bulten en pukkels. De huid is zo dik, dat ze het zaakje daarbinnen verstikt en alles wat ruimte en lucht nodig heeft de pas afsnijdt. Kortom, wat een volstrekt zichtbare, uiterlijke, onverborgen ziekte lijkt, is nu net de ziekte van de verberger. Jij bent er ook zo een, een versluierde vrouw. Klopt het, of niet?'

Ik was te overdonderd door deze interpretatie van de ziekte om erover na te kunnen denken of ze klopte of niet. Het woord sluier kon me wel in verrukking brengen en ik was bijna blij met aandoeningen, waar zoveel aan te analyseren viel. Waar stond dit allemaal opgeschreven? Hoe kwam iemand aan dit soort kennis? Ik vroeg het aan Daniël, titels, auteurs, professoren bij wie ik colleges in de medicijnen kon gaan volgen.

'Het boek waarin dit alles geschreven staat, bestaat nog niet,' antwoordde Daniël, 'het is het resultaat van mijn leven als epilepticus. De enige die het kan schrijven ben ik, vrees ik. De paradox van de zieke is mij duidelijk geworden uit al die ziektegeschiedenissen die ik zo gretig verslonden heb. De zieke blijkt steeds onderuit gehaald te worden door iets dat hij juist nodig had om zijn meest kwetsbare plek te beschermen. Hegels list van het leven is de blauwdruk van de biografie van de zieke.'

Onze glazen waren weer leeg en in de kroeg werd het drukker. Ik vroeg Daniël of hij nog een laatste wilde en kwam, leunend tegen de rand van de bar, bij van het verhaal en zijn onafgebroken woordenstroom. Het zag er naar uit dat Daniël nog uren zo door kon gaan. Hij genoot zelf niet minder van zijn eigen uiteenzettingen dan ik en soms had ik de indruk dat hij ter plekke nieuwe verbanden ontdekte en, enthousiast over zijn eigen vond-sten, zich steeds dichter in de buurt ging wanen van de waarheid over het onderwerp dat hem het meeste bezig-hield: Daniël Daalmeyer zelf.

Met de wijn en het bier keerde ik terug naar de tafel. Hij zag er opeens uitgeblust uit en het gesprek kwam daarna niet meer echt op gang. Hij was uit het spoor van zijn verhaal geraakt en kon het ritme niet meer vinden, waardoor hij zo meeslepend had kunnen vertellen. We wisselden nog wat gegevens uit over hoe lang we stu-deerden, wat we verder om handen hadden, onze adres-sen. Hij bleek niet zo ver bij mij vandaan te wonen en hij nodigde me uit in het weekend bij hem te komen eten. Ik pakte mijn agenda en dacht opeens weer aan mijn pen.

'Je moet mijn pen nog ergens hebben,' zei ik en schaamde me licht. Ik moest weer denken aan de gebeur-tenis in de collegezaal, aan zijn onbegrijpelijke gedrag tegenover Stefan Duden. Het moment om daarnaar te vragen had ik voorbij laten gaan.

Het was kwart voor zeven. De wandeling van mijn huis naar de woning van Daniël Daalmeyer had ik ingeschat op een kwartier. Via de Haarlemmerdijk kon ik de door-steek maken naar het Bickerseiland en op mijn gemak het pakhuis zoeken waar Daniël het over had gehad.

Dat je als vrouw liefst tien minuten tot een half uur te laat op afspraken met een man moet verschijnen, was mij toen nog niet bekend. Ik was altijd stipt op tijd.

Ik vroeg me af hoe zijn woning er uit zou zien en wat voor soort maaltijd hij klaargemaakt zou hebben. Zulke dingen zeggen wel iets over iemand.

Nummer 162 was een groot gebouw. De ramen waren voorzien van luiken, waar de donkergroene verf hier en daar van afbladderde. Aan het aantal bellen te zien woonden er meer dan tien mensen in het huis. Ik zocht naar de naam van Daniël. Terwijl mijn ogen de namen een voor een vluchtig opnamen, bleven ze opeens steken bij een naam die ik kende, Duden.

'Vandaar,' dacht ik, al wist ik niet om welke causaliteit het ging. Het lezen van deze naam riep een vreemd soort spanning op, de spanning die ik ook gevoeld had in de collegezaal en die ik niet kon verklaren.

Onder Duden stond DD, zonder punten. Omdat het evenzo goed de initialen van iemand anders konden zijn, keek ik het rijtje verder af, maar zag nergens voluit Daniël Daalmeyer en belde aan bij DD. De fles wijn haalde ik alvast uit mijn tas. Toen de deur niet meteen geopend werd, moest ik een bang voorgevoel onderdrukken. Misschien had ik de belknop niet hard genoeg ingedrukt. Ik probeerde het nog een keer en duwde mijn duim flink hard op de witte knop. Tegelijkertijd luisterde ik ingespannen of ik de bel hoorde, maar dat was niet het geval. Door een paar stappen terug te doen kon ik langs de voorgevel omhoog kijken en de ramen overzien, maar achter de geopende luiken was nergens beweging te bespeuren en de gesloten luiken bleven dicht.

Met een raar gevoel in mijn maag drukte ik nog een keer op de bel, al moedeloos en met het voornemen zo dadelijk weg te gaan, want ik voelde mij door allerlei onzichtbare ogen bekeken. Ik stopte de fles wijn vast terug in mijn tas, om er iets minder belachelijk uit te zien.

Was hij onze afspraak vergeten? Had ik een vergissing

gemaakt en hadden we een afspraak voor de volgende zondag? Was er iets voorgevallen, waardoor hij opeens verhinderd was en was mijn naam hem door het hoofd geschoten, zodat hij niks had aan de telefoongids en mij niet had kunnen bereiken?

Waar ik niet aan had willen denken, maar wat ik mij nu juist zeer levendig begon voor te stellen, was hoe Daniël op de vloer van zijn woning lag te kronkelen, met het schuim op zijn lippen, de deur op slot en niemand in de buurt om hem te helpen.

Ik kan er gewoon niet tegen als de dingen niet lopen zoals ik mij van tevoren bedacht heb.

Het is hetzelfde als een trap aflopen en je vergissen in het aantal treden. Je denkt dat er nog een trede komt en die gedachte zit ook in de spieren van je benen. En dan ben je er al. Je voet komt met een klap neer op dezelfde plek, een gewelddadige pas op de plaats, waardoor alle inspanning van de spieren op hetzelfde moment volkomen nutteloos en ridicuul wordt. Zo voelt het ook. Het maakt me razend, zoiets.

Na nog een keer omhoog gekeken te hebben, draaide ik mij om en wou de weg teruggaan die ik gekomen was, toen ik iemand 'Hallo?' hoorde roepen. Uit een van de geopende ramen stak het hoofd van de man die de lezing gehouden had.

'Ik kom voor Daniël Daalmeyer,' riep ik. 'We hebben een afspraak, maar hij is er niet.'

'Moment,' zei hij en zijn hoofd verdween uit de omlijsting.

Even later werd de deur geopend. Ik liep een brede, donkere gang binnen. 'Twee trappen,' riep hij en ik zocht net op de tast naar de eerste tree, toen iemand boven het ganglicht ontstak. Aan het uiteinde van de tweede trap stond Duden me op te wachten. Hij stak zijn hand naar mij uit.

'Hallo, Stefan, aangenaam. Mijn vrouw kijkt boven of Daniël misschien toch thuis is. Kom intussen even binnen, als je wilt.'

Ik was verlegen met de situatie en ik hou er ook niet van als vreemden zich voor mij uitsloven, maar ik ben boven alles nieuwsgierig en stapte voor hem langs de gang van zijn woning binnen. Daar wachtte ik tot hij de voordeur achter zich gesloten had en mij voorging naar de zitkamer.

Die zitkamer was zo groot als een balzaal en er op gemaakt om kreten van bewondering uit te lokken. Die liet ik ook horen. Het leek wel een museum, vol met Jugendstilspullen. De vloer was van blanke, houten planken, langs twee wanden stonden boekenkasten en waar ik ook keek, overal dook het tierlantijnmotief van de Jugendstil op. Meubels, tafels, spiegels, lampen, kleine beelden op marmeren zuilen, tekeningen aan de wanden.

'Mooi huis,' zei ik, 'heel esthetisch.'

'Ja, we zijn er ook erg blij mee.'

Het was er de situatie niet naar om uitgebreid alles te gaan bekijken. Ik probeerde zoveel mogelijk te ontdekken vanaf de zitbank, waarop ik plaatsgenomen had. Hij vroeg of ik iets wilde drinken en ik zei dat ik hen niet tot last wou zijn.

'We houden wel van onverwacht bezoek,' stelde hij mij gerust, 'en de vrienden van Daniël weten dat ze hier ook altijd welkom zijn.' Daarna maakte hij het mij gemakkelijk en somde de dranken op, waaruit ik een keuze kon maken. Campari. Hij liep naar een notehouten kast, met van die ingelegde motieven.

'Even wat ijs in de keuken halen,' zei hij en liep met twee gevulde glazen de gang in. Ik hoorde de voordeur open- en dichtgaan en daarna een vrouwenstem. Er werd op gedempte toon gesproken. Ik verstond niet wat ze tegen elkaar zeiden. Dat vond ik jammer.

Nog voordat Duden terugkwam met de drank wervelde een slanke vrouw de kamer binnen, liep met vaste tred mijn richting uit en sommeerde mij al van verre rustig te blijven zitten. Ze gaf mij een stevige hand, noemde zich Lisa en zei dat ze vreemd genoeg geen gehoor had gekregen bij Daniël.

'Het is niets voor DD,' zei ze en probeerde door te praten te verbergen hoe scherp ze mij intussen opnam.

'Zo hij al een afspraak maakt, zal hij hem nooit vergeten, dus ik weet ook niet wat er aan de hand is. Kennen jullie elkaar al lang?'

Met te veel omhaal van woorden legde ik haar uit dat ik Daniël pas sinds kort kende en liet doorschemeren dat wij alleen maar op dezelfde school zaten en niks anders aan onze kop hadden dan filosofie en andere zweverijen.

Om de een of andere reden had ik het gevoel haar te moeten geruststellen.

Ik geloof dat ik niet goed met vrouwen op kan schieten. Ze maken me onzeker en als ik mij onzeker voel, zeg ik alleen maar dingen waarvan ik denk dat iemand anders ze zielsgraag wil horen. Dan denk ik zelf niet meer na. Omgekeerd heb ik ook van vrouwen de indruk dat zij mij willen sussen en op hun beurt dingen zeggen, waarvan ze denken dat ik ze graag wil horen. Zo kom je natuurlijk nooit ergens.

Sinds de vrouw binnengekomen was, voelde ik me onbehaaglijk, in de val gelokt. Van Daniël vroeg ik me al niet meer af waar hij uit zou hangen en waarom onze afspraak fout gelopen was, maar wel hoe hij zou reageren op mijn bezoek aan Duden en zijn vrouw. Ik had het gevoel dat hij het vervelend zou vinden.

'Waarom interesseert u zich zo...' begon ik van lieverlede.

'Je,' onderbrak Stefan Duden.

'Sorry, ja... je je toch zo voor die Thomas Mann?'

'Hoezo, díe Thomas Mann,' zei hij en keek me vriendelijk glimlachend aan. 'Hou jij dan niet van die Thomas Mann?'

'Om eerlijk te zijn, nee,' zei ik en bedacht intussen dat het me geen enkele moeite zou kosten hem met Stefan en je aan te spreken. Hij was weliswaar een meester, maar zonder gezag. Hij was te jong en er was iets aan hem, iets braafs en bestudeerds, iets waardoor hij altijd een student gebleven was. Het riep bij mij de neiging op hem eindelijk eens een dikke onvoldoende te geven.

'Ik vind hem zo omslachtig en langdradig. De romans vervelen me en wat in zijn essays staat kun je ook wel bij anderen vinden en dan beter. Ik vind hem ook pedant. Hij wil volgens mij alleen laten zien dat hij veel boeken gelezen heeft en ook nog in staat is zelf iets te doen met al die filosofieën en theorieën. Het zijn geen goeie romans, vind ik.'

'Ja,' zei hij, 'die klacht hoor je wel vaker over Thomas Mann. Maar wat voor de een zijn boeken onleesbaar maakt, is voor de ander juist het meest aantrekkelijke ervan. Ik houd zelf erg veel van de verwevenheid van filosofie en literatuur en van de vermenging van verschillende soorten teksten. Mann laat toch zien hoe een intellectueel, tijdens een zeer typische periode van onze eeuw, omging met de kennis van die tijd. Zijn romans zijn een vergaarbak van de denkbeelden in het begin van de twintigste eeuw en ze zijn ook doortrokken van een specifieke vorm van identiteitsproblematiek die voortvloeit uit een aantal historische gegevens. Natuurlijk worstelde Mann ook zelf, als persoon, enorm met het probleem van zijn eigen identiteit, maar volgens mij is hij erin geslaagd het persoonlijke op een hoger plan te tillen en zijn eigen identiteitsproblematiek tot wereldliteratuur te verheffen.'

Terwijl Duden sprak was Lisa de kamer uitgelopen. Het verontrustte me en ik was bang het verkeerd aangepakt te hebben. Als je met een stel omgaat moet je je aandacht gelijkmatig verdelen. Voor je het weet hang je aan de lippen van de meest vlotte spreker en voelt een derde zich uitgesloten of niet voor vol aangezien.

Ik nam me voor Lisa zo dadelijk te vragen naar haar bezigheden. Daar was ik bovendien benieuwd naar, maar ik kan nu eenmaal niet alles tegelijk.

'Nu, het probleem van de identiteit boeit me, ook zoals het door andere schrijvers behandeld wordt, overigens. Wat ik dan bij Mann zo knap vind, is hoe hij dit thema verbonden heeft met zijn drie hoofdthema's: de ziekte, de dood en het kunstenaarschap.'

Lisa kwam terug uit de keuken en zette een kommetje olijven op de salontafel.

'Dat is nu het gekke met die Mann,' zei ik, 'ik vind alles wat anderen over hem beweren veel opwindender dan zijn eigen romans. Zo vergaat het mij ook tijdens deze cursus op school. Steeds hoor ik weer iets waardoor ik denk dat ik nu eindelijk *Der Zauberberg* eens helemaal moet uitlezen, omdat er blijkbaar van alles in staat wat mij ook bezighoudt. Maar als ik dan de roman zelf weer lees, vind ik het niet. Na een pagina of tien houd ik het wel weer voor gezien. Ik kom er niet doorheen. Zit jij ook in de literatuur?' vroeg ik er meteen achteraan, terwijl ik me naar Lisa toewendde.

'Nee,' zei ze en ze glimlachte, 'het lijkt er soms wel op, maar het is toch iets anders.'

Ze zei niet wat het dan wel was.

Dus vroeg ik ernaar.

Psychiater.

Heeft ooit iemand begrepen, werkelijk begrepen, waarom mensen blozen? Wie? Misschien worden mensen wel psychiater, omdat ze verslaafd zijn aan de panische benauwdheid die ze bij iemand teweegbrengen als ze vertellen wat ze zijn.

Je hoort weleens van mensen die een heel ernstig ongeluk hadden en vlak voordat ze dachten te zullen sterven, in een flits hun hele leven aan zich voorbij zagen gaan. Zoiets overkwam mij nu, alleen kreeg ik niet mijn hele leven in beeld, maar de korte tijd vanaf het moment dat zij de kamer binnengekomen was. Hoe had ik mij gedragen? Wat viel daaruit op te maken? Wat dacht ze van mijn afgekloven nagels? Had mijn hand klam aangevoeld, toen wij ons aan elkaar hadden voorgesteld? Lachte ik te veel of te weinig? Snapte zij waarom ik moest blozen?

Net toen het blozen zo erg dreigde te worden, dat ik dacht me te moeten excuseren, klonk er een geroffel op de deur.

'Daar is de verloren zoon,' zei Stefan en stond op. Lisa was sneller en liep al op de deur toe.

'Hebben jullie de kleine Theresa gezien?' hoorde ik Daniël met een luide, lacherige stem vragen. Lisa praatte een stuk zachter. Ik kon niet horen wat ze zei. Ik bukte om mijn tas van de vloer te pakken, stond op, bedankte Stefan voor de vriendelijke ontvangst en liep het gangpad in. Hij liep achter mij aan. Daniël stond in de deuropening en onderbrak Lisa middenin haar zin om mij te begroeten.

'Ga je mee?' vroeg hij en tilde een plastic zak in de lucht. 'Diner voor twee.'

'Nogmaals bedankt,' zei ik en gaf ook Lisa een hand. Zij keek mij aan zonder haar gezicht te vertrekken, waardoor ik mij ongemakkelijk voelde en haar tegelijkertijd iets mysterieus vond krijgen. Zonder verder aandacht te besteden aan Lisa en Stefan, draaide Daniël hen de rug toe en liep in de richting van de brede trap.

Hoe onbeschofter anderen zich gedragen, hoe meer ik het gevoel heb uiterst correct te moeten zijn. Ik knikte het paar nog een keer vriendelijk toe, zei nog eens 'Bedankt' en 'Leuk met jullie kennis gemaakt te hebben' en volgde daarna Daniël, die de trap naar een hogere verdieping al halverwege beklommen had en daar stond te wachten.

'Was het heel erg?' vroeg hij, terwijl hij verder liep. Ik wist niet of hij doelde op het noodgedwongen wachten of op het kortstondige verblijf bij zijn vrienden en gaf geen antwoord.

Voordat hij de deur met een zwaai opende had hij al gezegd dat het wel even tegen zou vallen, na de luxe toonzaal van de Dudens.

Tegenvallen is niet het goede woord. Tegenvallen hoort bij hooggespannen verwachtingen en er is een verschil tussen het hebben van verwachtingen en nieuwsgierigheid.

Daniël bewoonde, naar ik even later begreep, de opslagruimte van Lisa en Stefan. De enorme zolder van het pakhuis was met houten schotten verdeeld in verschillende opslagplaatsen, behorend bij de appartementen van de bewoners. Lisa en Stefan, 'mijn weldoeners', hadden hun zolderruimte afgestaan aan Daniël en ervoor gezorgd dat hij ook het aangrenzende kamertje van een van de buren mocht gebruiken. Van de kale ruimte hadden ze een bewoonbare kamer laten maken, qua oppervlakte vergelijkbaar met een eenkamerwoning, zoals veel studenten in de stad hadden.

Hij had het allemaal wat gejaagd uitgelegd en wou het zo snel mogelijk over iets anders hebben dan over zijn vriendschap met Lisa en Stephan Duden. Ik moest maar op mijn tactiek vertrouwen, om toch zoveel mogelijk aan de weet te komen over wat deze drie mensen met elkaar verbond. Als het moet kan ik daar heel volhardend in zijn.

Wat hem regelmatig overkwam, was hem nu natuurlijk weer overkomen: hij was vergeten om voor het weekend zijn pillenvoorraad aan te vullen, ontdekte het een half uur voordat ik zou komen en was snel naar het huis van zijn vader gefietst. 'De dichtende dokter,' noemde Daniël hem, een psychiater en tevens een van zijn behandelende geneesheren.

'Dat is een ongezonde vader-zoonrelatie,' zei hij, 'dat hoef je mij niet te vertellen. Freud genoeg achter de kiezen.'

Op een van de grachten, waar zijn vader een praktijkruimte had en de rest van het pand bewoonde, kon hij in ieder geval altijd terecht voor een noodrantsoen. Sinds zijn vader was gaan dichten en een jonge vriendin aan de haak geslagen had, kwam hij de deur niet meer uit.

Eenmaal aangekomen had hij toch weer aan moeten horen dat zijn vader hem ervan verdacht opzettelijk de pillen te vergeten, ziek te willen zijn, ga zo maar door, met als gevolg dat zijn toch al krappe tijdsberekening wel moest falen en hij op een bepaald moment zeker wist te laat op onze afspraak te zullen verschijnen.

'Als ik dat eenmaal in de gaten heb laat ik het helemaal gaan.'

Op de terugweg had hij nog twee pizza's gekocht. Hij was ervan overtuigd geweest dat we elkaar niet zouden mislopen. 'Ik ben omgeven door beschermengelen.'

Ik zei hem dat hij, wat mij betrof, een volgende keer wel wat minder op hun bijval mocht rekenen. Ik denk dat ik even uit mijn humeur was. Ik hou niet zo van pizza.

Er stonden weinig meubels in zijn kamer, maar wat er stond was antiek. Het zullen wel de afgedankte meubels van zijn ouders zijn, bedacht ik, en stelde me voor hoe het geweest moest zijn als kind in deftige kamers groot te worden.

In het dorp waar ik geboren ben waren de meeste mensen eenvoudige mensen, zoals mijn ouders. Er waren maar weinig notabelen: een burgemeester, een dokter, een notaris en wat baronnen, die aan de rand van het dorp kastelen bewoonden. De kinderen van de notabelen waren anders. Ze holden niet, liepen rechtop en vielen minder vaak hun knieën stuk. Ze hadden ook ander speelgoed. Wij hadden tollen, ballen en elastiek. Zij hadden een diabolo, liepen met boeken op hun hoofd en kregen later een paard.

Ons soort kinderen speelde vanaf hun tiende in de harmonie, zij kregen thuis pianoles en luisterden op zondag naar *Peter en de Wolf*. Er was verschil, dat zag je zo. Maar wij waren in de meerderheid en aan het behoren tot de meerderheid ontleenden wij onze kracht en trots.

Achteraf bezien komt me dat vreemd voor.

Op de universiteit waren alle notabele kinderen van het land bijeen gekomen en zij vormden nu de meerderheid. Zij hadden allemaal met boeken op hun hoofd gelopen en kenden *Peter en de Wolf* van voren naar achteren. Ze hadden verhalen over het verval van de aristocratie, sommige waren heel komisch. Het ligt er maar aan hoe je het brengt.

Naar iemand als ik had ik moeten zoeken. Dat heb ik niet gedaan.

Ik kwam liever niet iemand als ik tegen.

Tot de minderheid behoren gaf me kracht.

Verval was een woord waarvan ik de betekenis niet begreep. Wat hadden we nu dat in verval kon raken? Niets anders dan ons lichaam, maar dat gold toch ook voor hen, want de dood kent geen uitzonderingen. De dood is er voor iedereen. En dat bedoelden de anderen niet, als ze het over verval hadden.

Daniël was met de borden, het bestek en de pizza's bezig op de manier waarop ik hem had zien schrijven, voordat de lezing van Duden begon. Hij verdween helemaal in zijn bezigheden, richtte zijn ogen met een starre blik op de dingen in zijn handen en leek zijn omgeving volstrekt te vergeten. Zo at hij ook, starend naar zijn bord, met een stuk pizza in zijn hand.

Aan eten heb ik veel herinneringen en soms herinner ik me blij te zijn geweest het achter de rug te hebben. Van de avond met Daniël is mij dat ook bijgebleven.

Pas toen we weer tegenover elkaar zaten, ieder onderuit gezakt in een stoel, met een glas wijn in de hand, nam mijn irritatie af en kwam ik tot rust.

Ik bekeek hem en vond hem mooi. Ik bedacht dat ik wel zo'n lichaam als dat van Daniël zou willen hebben: benig, lang, smalle heupen, brede schouders en dan verpakt in een sterke, tanige en gladde huid. Zoëven, toen hij voor mij de trap opliep, had ik mij erop betrapt zijn manier van lopen na te bootsen, het nonchalante in de manier waarop hij zijn benen vooruitgooide en zijn bovenlichaam mee liet deinen op die verende pas. Hij had een leren motorjack gedragen. Na zijn binnenkomst had hij het achteloos over een stoel geworpen.

Ik vroeg hem of ik even zijn jack mocht passen.

Dat mocht.

'Het ruikt helemaal naar jongen,' zei ik tegen Daniël, omdat ik het gênant vond zwijgend voor de spiegel te staan om mijzelf te bekijken. Ik voelde me stoer en onaantastbaar en nam me voor snel uit te gaan zien naar precies hetzelfde jack. Het voornemen wond me op.

Daniël had nauwelijks acht geslagen op de verkleedpartij. Hij zat neergehurkt voor een pak papieren op de grond.

'Ik heb wat research gedaan, Theresa,' zei hij.

Ik nam weer plaats in een fauteuil. Met een artikel in zijn hand kwam hij op de leuning van mijn stoel zitten en boog zich voorover om samen met mij een aantal passages te lezen, die hij van tevoren aangestreept had. Het ging over taal, ziekte en denken. Iemand had een onderzoek gedaan met mensen die aan huidkwalen leden en Daniël zei dat hij erg benieuwd was of ik mij herkende in een bepaalde karakteromschrijving. Hij reikte mij het artikel aan en terwijl ik las leunde hij tegen mij aan om met mij mee te lezen.

Ik kon me bijna niet concentreren op de citaten.

Er stond iets over het idee voortdurend door de wereld gepest te worden, over irreële gevoelens van onafhankelijkheid en individualiteit en de ervaren kwelling, wanneer autoriteiten de vermeende individualiteit bedreigden. Hoewel het jargon me tegenstond, schrok ik van de gegevens. Ik had het artikel graag rustig willen lezen, als ik me maar op mijn gemak had gevoeld, zonder de jachtige nervositeit waarmee ik nu mijn ogen over de letters liet gaan. Een lezer is weerloos.

Ik wou Daniël van mijn leuning af hebben, legde het artikel terug in zijn stoel en zei dat ik het wel erg ver vond gaan om de ziel helemaal overhoop te halen voor een puistje.

In plaats van beledigd te zijn, lachte Daniël en legde

een hand onder mijn kin. Hij wou mijn gezicht naar het zijne brengen. Ik niet.

'Nee,' zei ik.

'Waarom niet?'

'Volgens mij maal jij niet om de liefde,' zei ik.

'Wie zegt dat ik dit doe uit liefde,' zei hij.

Daar moest ik om lachen.

'Daarom juist,' zei ik.

Daar lachte hij om.

'Doctora mystica,' zei hij en toen hadden we het achter de rug. Ik was blij dat hij niet uren in de keuken had doorgebracht om voor mij een mooie maaltijd klaar te maken en dat hij mij niet het ene na het andere lekkere gerecht voorgeschoteld had, trots opgediend in versleten schalen, met aandoenlijk klungelige garnering en dan nog een toetje achteraf. Daar had ik niet tegen gekund. Dan was het moeilijker geweest om 'nee' te zeggen.

Over zijn vriendschap met Lisa en Stefan ben ik die avond niet veel meer te weten gekomen dan dat ze ooit een mooi 'Dreigestirn' vormden, zoals Daniël het uitdrukte.

'Zij houdt van mij, omdat ik ziek ben en hij houdt het meest van haar als zij van iemand houdt die ziek is en ik vraag mij al lang niet meer af of ik van iemand houd, dus ik laat het mij allemaal welgevallen. Afgezaagd verhaal, driehoeksverhouding, alle liefde is bemiddeld en vereist een derde, cliché van de begeerte, niet de moeite van het overdenken waard.'

Meer wou hij er niet over kwijt.

Dezelfde kortaangebonden toon sloeg hij aan toen ik hem naar zijn vader vroeg. Onwillig vertelde hij door zijn vader opgezadeld te zijn met een allitererende naam.

'En mijn zus heet Dana, dus je kunt wel nagaan hoe die gedichten eruit zien. Ze gaan over emoties en stemmingen, waarvan wij alleen maar in zijn gedichten zagen dat hij ze had en waarin wij niet geloofden. "Je zou wel willen dat je meemaakte wat je in je gedichten meemaakt," dacht ik altijd. Hij wil zo graag zelf voelen wat al die stumpers voelen die bij hem komen met hun verhalen over de totale gekte, met hun verhitte kijk op de wereld en hun wonderlijke hersenspinsels. Maar die man durft niet eens in zijn eentje de straat op, laat staan dat hij de moed heeft om de controle uit handen te geven en zich over te geven aan het zooitje ongeregeld in zijn kop.'

Hij keek me aan en zei: 'Genoeg zo over de dokter, Theresa. Weleens bij een zieleknijper geweest? Je zou vast zeer onder de indruk zijn van mijn vader. Vrouwen vallen op hem. Ze vinden hem een innemende, fascinerende persoonlijkheid, omdat hij zo weinig zegt en als hij iets zegt, gaat het over hun eigen zieltje. Daar houden vrouwen toch zo van, van zwijgzame mannen, die de hele dag niets anders aan hun kop hebben dan de staat van hun vrouwenziel? Waar of niet?'

Wat moet je daarop zeggen, als vrouw?

'Maar misschien houd jij niet van hem. Jullie lijken te veel op elkaar. Jij kunt ook zo verschrikkelijk hartstochtelijk luisteren.'

Bij Daniël voelde ik herhaaldelijk woede opkomen, die een minuut later helemaal verdween en dan een groot gevoel van opluchting veroorzaakte. Ik wist niet wat ik van hem moest denken. Soms vond ik hem onthecht, een spotziek, in zichzelf gekeerd kind, dat zich verliest in zijn spel en met een argeloze vanzelfsprekendheid de zorg en bescherming van de mensen om hem heen verwacht. Andere keren zag ik hem als een desolate demon die de wereld scherp ziet, met een bijna dierlijke intuïtie begrijpt hoe ze werkelijk in elkaar zit en daarom de mensen in zijn omgeving zonder scrupules voor hem aan het werk zet. Natuurlijk moest hij daarna degenen die hem helpen heimelijk verachten, omdat hij iedereen dom vond die zijn listen niet doorzag.

III

De filosoof

De ingang van H 211 lag op het hoogste punt. Van daaruit keek ik in de diepte neer op een halve maanvormige cirkel met stoelen en doorlopende rijen tafels. Ik was ruimschoots op tijd, maar de zaal was al voor meer dan de helft met mensen gevuld. Ze zaten met de ruggen naar mij toegekeerd en ik kon op mijn gemak kijken of ik de rug van Daniël Daalmeyer herkende. Ik wist nog niet wat ik zou doen als ik hem inderdaad zou ontdekken, naar hem toe gaan of hem mijden. Ik droeg nu net zo'n motorjack als hij en ik was bang voor zijn spotzieke, ongetwijfeld scherpzinnige interpretatie van mijn aanschaf.

Er glipten steeds meer mensen langs mij door de deuropening en de zaal raakte langzamerhand vol. Ik gaf het speuren naar Daniël op en liep naar de dichtstbijzijnde rij waarin nog niemand zat.

Alleen in een zaal plaatsnemen en daar zijn om naar een verteller te luisteren is een genot dat ik ken van vroeger, toen ik vaak in mijn eentje naar de kerk ging en in een bank schoof. Iedereen was samen om met hetzelfde alleen te zijn. Het is een gebeurtenis die met niets verge-lijkbaar is. Van het theater heb ik ooit hetzelfde ver-wacht, maar in een theater had ik het niet. Ik heb het nooit meer ergens anders gehad. Ik had het in de kerk en in de klas.

Om kwart over elf zou het college beginnen, maar om vijf voor half twaalf was het podium nog leeg. De zaal bleef wonderbaarlijk rustig. Er klonk wel wat geroezemoes, maar dat werd gedempt door een verwachtingsvolle stil-te, die ik nog niet eerder bij hoorcolleges had meege-maakt. Hier kwam je naar toe om te luisteren, niet voor de gezelligheid, of om anderen te treffen. De zaal wacht-te op de man van wie Daniël had gezegd dat hij een my-the was, een wonder van welsprekendheid en eruditie.

'Het is niet zozeer iemand met een eigen filosofie, maar hij kan wel in twee uur tijds werelden voor je openen, je op een spoor zetten, je kennis laten maken met meer schrijvers en boeken dan je ooit in je leven zult kunnen lezen. Hij weet de meest uiteenlopende zaken met elkaar in verband te brengen en toch heb je zelf altijd nog het idee persoonlijk toegesproken te worden over iets waar jij je net mee bezighoudt.'

'Wat is er zo mythisch aan de filosoof?'

'De Waeterlinck is iemand waar je wel een mythe van moet maken. Hij is zo ongrijpbaar. Hoe hij het klaar-speelt weet ik niet, maar hij weigert een woord op papier te zetten. Sinds hij als professor benoemd is heeft hij nooit meer een letter gepubliceerd en men zegt van hem dat hij alles op alles gezet heeft om ieder gedrukt exem-plaar van zijn proefschrift weer in eigen bezit te krijgen, zodat hij alles kon vernietigen. Hij schijnt zelfs een af-keer te hebben van het zetten van een handtekening. Tentamenbriefjes ondertekent hij met een onleesbare, telkens veranderende krabbel, meer niet.'

De Waeterlinck kwam het podium opgelopen via een zij-deur. Een aantal mensen in de zaal klapte. Het was een grote man, stevig gebouwd, met een vierkant hoofd vol grijs haar. Ik weet niet of ik het, vanaf het moment dat Daniël over hem vertelde, had verwacht of dat de mythe haar werk had gedaan, maar ik zag het zonder verbaasd te zijn: De Waeterlinck had het gezicht.

Het is een gezicht dat meerdere mannen dragen, als één gezicht, altijd hetzelfde. Ik ken het en ik ontmoet het. Het is het gezicht van een publieke man en ik, die bij het publiek hoor, wil door hem aangewezen worden. Hij moet mij verkiezen boven iedereen, mij tussen de ande-ren uitlichten, bijzonder maken, mij onttrekken aan de massa waarin ik mij bevind en waarmee ik, vanaf het mo-ment dat ik hem gezien heb, geen vrede meer heb. Een Carmensyndroom. God mag weten hoe ik eraan kom.

Hij nam plaats achter de tafel en schraapte zijn keel. Hij heette ons welkom. Toen hoorde ik dat hij Vlaams sprak. Ik kon mijn oren niet geloven.

'Het doet mij plezier te zien dat u weer in groten getale bent komen opdagen. Maar misschien mag ik dat niet zeggen. Wanneer Nietzsche gelijk heeft en pijn, wan-hoop, melancholie en bitter ongeluk de conditio sine qua non zijn voor het eigenstandig denken, dan is mijn vreugde wellicht ongepast. Wie weet bent u allen, zoals u hier zit, ernstig ontgoocheld, hebt u voortdurend het paranoïde gevoel dat iedereen hinderlagen voor u opzet, u lokt en daarna de rug toekeert of voelt u zich volstrekt belachelijk en wordt u getart door verschrikkelijke twijfels aan de standvastigheid van uw karakter, zint u op wraak om de anderen te straffen voor hun voortdurende verraad, het is allemaal zeer wel denkbaar, nietwaar?

Wel, troost u dan, u bent in ieder geval op het goede pad, want volgens dezelfde Nietzsche zal het u allemaal niet bespaard mogen blijven, als u de kunst van het denken wilt beoefenen. Als u deze kunst eenmaal beheerst, belooft hij u de hoogste vorm van geluk, maar u moet het mij maar niet kwalijk nemen, wanneer ik deze belofte voor de rekening laat blijven komen van Friedrich Nietzsche zelf en hem persoonlijk niet aan u doe.

Ik beloof u geen geluk. Ik beloof niet eens u de kunst van het denken bij te brengen. Ik zou niet weten hoe dat aan te moeten leggen. Veel meer dan u wat kennis te laten maken met de mannen die zichzelf wel in staat achtten het bestaan van anderen te verlichten, kan ik niet. Hun pogingen beschouw ik als van een grote edelmoedigheid, maar hun uiteenlopendheid en onderlinge verschillen bezorgen u misschien eerder het desperate gevoel rond te moeten dolen in een duister woud van filosofische ideeën, dan dat ze u het beloofde geluk doen smaken. Ik wil niet dat u verdwaalt.

Zoals gezegd, meer dan u wat wegwijs maken in dit woud, kan ik niet. Voor het vinden van het geluk, zo u daar nog in gelooft, zult u andere wegen moeten bewandelen.'

In de zaal werd zacht gelachen. Niet door mij. Het gevoel eindelijk iets gevonden te hebben, waarnaar ik al jaren vruchteloos op zoek was geweest, maakte me eerder jankerig en sentimenteel.

Kun je iets zoeken, waarvan je niet weet wat het is?

Ik zocht, zonder te weten wat.

Als ik het vind, herken ik het zonder te weten wat het is. Ik herken het, omdat het altijd in dezelfde vorm komt, in hetzelfde omhulsel, in de gedaante van woorden, van de sprekende man met het gezicht, of van de woorden op papier, waarachter ook dit gezicht schuilgaat. De man en de woorden roepen een verlangen op dat ik wil stillen en behouden tegelijkertijd, waaraan ik lijd en waarvan ik geniet, dat ik wil doorgronden en als mysterie wil bewaren en waarvan ik soms denk dat het samenvalt met het leven, en soms dat het samenvalt met de woorden en niet meer is dan dat, dat het zonder woorden niet bestaat, niets meer is.

Pauze.

De luisteraars dromden de zaal uit, op weg naar de kantine. Ik bleef zitten.

Op de voorste rij bleven ook een aantal mensen zitten, oudere mensen zag ik nu. De Waeterlinck was via het trapje van het podium geklommen en hij schudde de oudere mensen een voor een de hand. Hij sprak met hen, luisterde, lachte hen vriendelijk toe. Hij was bereikbaar.

Ik keek. Ik was gelukkig. Vandaag was iets begonnen dat duur zou hebben, dat bijzonder was en eenmalig en waaraan ik nu al, terwijl het bezig was, terugdacht.

Twee oudere mannen waren opgestaan en stonden, druk gebarend, naast de filosoof. De ene man was klein, smal en tanig, had een kalend hoofd en een gelaat met scherpgesneden trekken. Hij was sober, maar met uiterste zorg gekleed. De andere was iets groter, forser en wat gezet. Zijn haar was grijs en lang, krullend tot in zijn nek en hij had een kleurig, glanzend sjaaltje om zijn hals geknoopt. Onder een loshangend, slechtzittend colbert, schemerde het knalrood van een trui of vest. De mannen droegen allebei een bril.

Aan de manier waarop ze stonden, nu eens op het ene, dan weer op het ander been steunend, zag ik dat ze moeite hadden met lopen en toch een vroegere fierheid probeerden te bewaren. Ze zouden zo om en nabij de zeventig zijn.

Het bood een ontroerende en komische aanblik ze rondom de geduldig lachende De Waeterlinck te zien draaien en strijd te zien leveren om het woord te kunnen voeren. Dat De Waeterlinck zo bleef glimlachen en knikken beviel me niet. Een zekere distantie hoort bij het gezicht. De volgende keer zou ik dichterbij moeten gaan zitten om te zien of het echt was. Het luistert nauw met gezichten.

De smalle man was aan het woord. Hij zag er aristocratisch uit. Terwijl De Waeterlinck aandachtig leek te luisteren en de man ook aanmoedigde door hem toe te knikken, zag ik opeens zijn blik met korte flitsen de zaal in schieten. Ik schrok, want het kwam toch nog onverwacht, maar ik wist wel wat me te doen stond.

Hij zag me en richtte zijn blik weer direct op de spreker. Even later keek hij weer de zaal in en nu was ik klaar. Hij keek naar mij. Ik keek terug. Het was een ontmoeting, het begin van een spel.

Ik had de tijd. Ik had een toekomst voor alle woensdagen van de winter in 1982.

Er bestaat geen eerste keer voor het zien van het gezicht. De eerste keer is altijd al geweest en onachterhaalbaar. Het is een mannengezicht. Het wordt niet veel ouder dan vijftig en blijft dan zo. De mannen die het hebben droegen het als kind al bij zich, dat zie je. Het is weerbarstig. Om even een indruk te geven: Richard Burton, Ludwig Wittgenstein, Samuel Beckett, Lucas Asbeek en Witold Gombrowicz hadden het.

Marius ook. Bij Marius heb ik het voor het eerst aangeraakt, gestreeld, misschien ook liefgehad. Ik was zeventien, hij achtenveertig. Hij gaf maatschappijleer.

Het was de tweede man van wie ik een filosofieboek cadeau kreeg. Het was een Prisma-pocket met de dialogen van Plato. Hij zei dat het hem om de *Apologie* ging, dat ik die moest lezen, dan zou ik hem beter leren kennen.

Later hebben veel mannen mij boeken geschonken en erbij gezegd dat het een boek was waardoor ik hen beter zou leren kennen. Zij herkenden zichzelf in de held en vonden dat ze erop leken.

Meestal was dit een vergissing.

Voor het eerst lees ik het verhaal over de veroordeling van Socrates. Als ik Marius door de hal van de school zie lopen en hem later voor de klas zie staan, zie ik ook Socrates.

Marius kan zo om me lachen, dat hem de tranen over de wangen stromen.

'Kon Socrates ook zo lachen,' vraag ik hem, 'om een meisje?'

Als hij 's morgens op school komt heeft hij vochtblaasjes onder zijn ogen. Niet van het lachen. Ik achtervolg hem door het gebouw, net zolang tot ik de kans zie hem ergens naar binnen te trekken, waar ik hem voor mezelf heb. Toiletten, poetskasten, berghokken, opslagruimten, lege lokalen.

'Je hebt verdriet,' zeg ik tegen hem en raak de blaasjes onder zijn ogen aan.

'Liefje,' zegt hij, 'wat doe je toch? Wat wil je? Wat moet je met zo'n oude zak als ik?'

Niemand heeft dat ooit eerder tegen mij gezegd, liefje. Het is echt Hollands.

Daarna moet hij lachen. We staan tussen de bezems, emmers en dweilen. Het ruikt er naar Vim. Hij vindt het spannend. Ik ook.

Ik kom steeds vaker te laat de klas binnen.

Ik ga steeds vroeger naar school. Hij wacht op mij in de auto, op een parkeerplaats in de buurt van de school. Ik kom op de fiets, uit het dorp, tien kilometer verderop. Ik gooi de fiets in de berm en hol naar de auto.

's Ochtends is hij kapot. Hij ligt in scheiding. Het is voor het eerst dat ik iemand over scheiden hoor praten. In het dorp waar ik woon scheiden ze dan nog niet. Scheiden is stads.

Als het koud is laat hij de motor draaien en wrijft mijn verkleumde handen warm. Soms legt hij een deken over mijn dijen. Ik laat hem praten en uitrusten op mijn schoot, streel zijn hoofd, kneed zachtjes zijn nek. Hij heeft het compacte lichaam dat bij het gezicht hoort. Het is lang onaangeraakt gebleven. Ik wil hem goed doen. Ik wil hem het leed van de voorbije avond doen vergeten.

'Je bent zo haptisch,' zegt hij.

Hij gebruikt vaak woorden waarvan ik de betekenis niet ken en die ik thuis moet opzoeken in het woordenboek.

Hij streelt mij ook, heel voorzichtig. Als hij mij aanraakt is het alsof hij de omtrek zoekt van een beeld dat hij kent en terug wil vinden. Hij heeft zijn handen al van tevoren naar mij gevormd en vindt mij dan. Ik pas er goed in, in zijn handen. Het maakt mij rustig. Ik ben niet bang. Het zijn aanrakingen zonder wildheid, zonder begeerte.

Hij hoeft mij nooit te vragen over ons te zwijgen. Ik ben het gewend om geheimen te hebben.

Als ik bij hem in de klas zit en hij lesgeeft, kijkt hij onafgebroken naar mij. Het is alsof hij alleen voor mij spreekt. Iedereen heeft het in de gaten, maar niemand durft mij erover aan te spreken.

Nadat zijn vrouw vertrokken is zien we elkaar ook weleens in de avonduren. Na school neemt hij me mee naar de havens in de stad, waar hij me leert drinken, en naar dure restaurants, waar hij me leert eten. Wijn, whisky, slakken, kikkerbillen, coquilles St. Jacques, kreeft. Het is niet met hem begonnen, die onverbrekelijke band tussen eten en leren, eten en mannen, eten en liefde. Dat is ook al eerder begonnen.

Op een dag zegt hij: 'Je bent heel intelligent.'

Ik geloof het niet. Intelligent is het woord van mijn broers. De oudste kent de encyclopedie van buiten en mijn jongere broer denkt na over de oneindigheid van het heelal. Dat is de betekenis van intelligent, het is het woord van de jongens.

'Je zult eraan moeten geloven,' zegt hij. Hij vertelt dat de school meewerkt aan een onderzoek van de universiteit en dat er een aantal psychologen op bezoek komt om een nieuwe intelligentietest uit te proberen. Hij wil dat ik eraan meewerk. Hij wil dat ik verder ga studeren, op de universiteit, ginder, in het Westen.

Ik denk dat hij van mij af wil en ik zeg hem dat ik weiger mee te werken aan de test en ook niet naar de universiteit wil gaan. Ik zeg hem dat ik dat toch niet kan en het heel prettig vind zo, bij hem, om van hem alles te leren. Hij zegt dat hij een oude zak is en dat ik verder moet kijken dan vandaag, dat het leven nog voor mij ligt en ik kan doen wat ik wil.

'Zeg me dan wat je echt het liefste wil,' zegt hij.

'Boeken schrijven,' zeg ik zacht, vanwege de schaamte. Als ik dat wil moet ik hier weg, zegt hij, weg bij hem, weg uit het Zuiden, dan moet ik andere mannen leren kennen, andere steden zien, dan moet ik de dialoog met mijn vrijheid aandurven. Dat er anders van dat schrijven niets terecht komt.

Hij maakt me aan het huilen.

Op het einde van de avond brengt hij me naar huis. Ik heb hem beloofd mee te zullen werken aan de test.

De test neemt een hele dag in beslag. Voor ieder nieuw onderdeel ben ik opnieuw bang en gierend zenuwachtig. Hij ziet iets in mij dat ik niet ben. Hij laat zich misleiden door mijn cijfers, maar ik haal zulke hoge cijfers, doordat de leerstof zo gemakkelijk is op deze school. Op andere scholen was ik al lang door de mand gevallen en de uitslag van de test zal hem dit bewijzen.

Zelfs hij schrikt van de uitkomst.

De psychologen hebben er een brochure bijgevoegd, waarin de namen staan van grote geleerden en schrijvers. Daarachter staat dan welk percentage van de wereldbevolking ze vertegenwoordigen.

Daarna noemt hij mij: 'Mijn kleine Einstein.'

Hij is trots. Ik niet. Het vreemde getal zal mij de wereld injagen, bij hem vandaan. Ik verzwijg het alsof het een ziekte is.

Na het eerste college van De Waeterlinck zorgde ik ervoor zo vroeg mogelijk in H 211 te zijn. Hoe vroeg ik ook binnenkwam, de oudere mensen waren er altijd eerder en hielden de voorste rij voor elkaar bezet.

Ik durfde niet te dicht bij hen in de buurt te gaan zitten en bleef gedurende de eerste weken meters bij hen vandaan. Iedere week koos ik dezelfde plaats uit, om zo het genot te kunnen proeven de blik van De Waeterlinck bij zijn binnenkomst mijn kant uit te zien gaan. Eerst knikte hij de voorste rij vriendelijk toe en daarna keek hij naar mij. Hij zocht me en ik was er. Ik was er altijd.

Om geen enkele keer onze kruising van blikken mis te hoeven lopen, maakte ik nauwelijks aantekeningen en staarde onafgebroken naar zijn gezicht. Zonder op het blad te hoeven kijken probeerde ik blind de titels van de boeken, de namen van de auteurs of een aantal treffende opmerkingen op te schrijven. Daar raakte ik zeer bedreven in.

Soms denk ik dat hij het over ons heeft. Hij spreekt over de filosofie van Ficino en merkt op hoe belangrijk de blik is voor een gevoel van liefde en geluk.

'In tegenstelling tot de smaak en de tast,' zegt hij, 'vereisen het oog en het oor afstand. Het oog en het oor verbruiken niet, ze consumeren niet, ze vreten u niet op. Het oog en het oor zijn derhalve wezenlijk melancholisch en doodsdriftig. De blik van een geliefd persoon kan u kluisteren, maar terwijl zij u kluistert, maakt zij u tegelijkertijd vrij. Zij doorhuivert u met een liefdestover, maar blijft schouwend, in de verte. Het is de blik die de eenzaamheid van de ander respecteert, zin heeft voor het andere en op hetzelfde moment ook aan zichzelf genoeg heeft. Bij Ficino wordt een onverbrekelijke band gesmeed tussen het zien, de liefde en het denken. Ge moet smoorverliefd geweest zijn om met het denken een aanvang te kunnen maken.'

De laatste maanden van het jaar kregen de kleur van deze woensdagochtendcolleges. Als ik buiten liep keek ik om me heen, in de hoop De Waeterlinck in het wild tegen te komen. Thuis, op mijn kamer, las ik de boeken waarover hij gesproken had, maar het lezen van de boeken zelf moest onderdoen voor de manier waarop de teksten door De Waeterlinck vervormd waren, door hem vermengd waren met andere teksten, zijn eigen sores en omgegoten in die wonderlijke Vlaamse woorden.

Op de woensdagochtend kleedde ik mij anders dan ik gewoon was te doen. Rokken had ik in geen jaren gedragen. Zodra ik er weer eens een aantrok was het alsof ik een travestie onderging en mij als een vrouw vermomde. Voor het bezoek aan de colleges kwam me dit vreemde, ongepaste gevoel verkleed te zijn alleen maar van pas en ik ruilde voor het eerst sinds jaren mijn broek en colbert in voor een rok, waaronder ik nylonkousen droeg en schoenen met hakken. Ik voelde me uitdagend en ging er anders door lopen.

De nieuwsgierigheid van de oudere mensen werd groter. Als ik de collegezaal binnenkwam of in de pauze op mijn stoel bleef zitten, namen ze me met steeds onverhulder blikken op. Een van de vrouwen werd allengs brutaler en keerde zich, wanneer De Waeterlinck zijn ogen langer dan normaal op mij gericht hield, regelmatig helemaal om, volgde de lijn van zijn blik en keek mij dan onbeschaamd aan. Het was dezelfde vrouw die De Waeterlinck tijdens iedere pauze een papieren zakje aanreikte, waar waarschijnlijk een besmeerd broodje in zat. Het pakje werd door hem steevast in dank aanvaard en vervolgens terzijde gelegd.

Ik heb hem in de pauze nooit brood zien eten.

Vanaf mijn plaats in de zaal keek ik en zweeg. Een enkele keer ging ik in de pauze samen met de anderen naar buiten. Dan had ik de moed niet te blijven zitten waar ik zat.

Enkele weken voordat de kerstvakantie zou beginnen, merkte ik dat mijn rol me ging vervelen. Ik moest iets ondernemen, werkelijker worden, dichterbij komen, kennis maken, gaan spreken, een naam krijgen. Van het voornemen werd ik zo zenuwachtig, dat ik soms hartkloppingen kreeg wanneer De Waeterlinck naar mij keek. Voor het eerst zocht ik mijn toevlucht tot het maken van aantekeningen, zodat onze blikken zich minder vaak zouden kruisen.

Zo verging het me ook tijdens het laatste college van dat jaar.

Buiten was het ijzig koud, er was gewaarschuwd voor gladde wegen. Ik liep te voet naar school. Vanaf de brug, vlak voor de ingangspoort van het universiteitsterrein, zag ik hoe een taxichauffeur een van de oudere mensen behulpzaam was bij het uitstappen. Hij ondersteunde haar arm en hield haar wandelstok gereed. Het was de lange vrouw met het rode haar. Zij droeg een bontmantel. Met voorzichtige passen schuifelde ze onder de boog van de poort door, zodat ik haar uit het oog verloor. Het voorste gedeelte van de ingang was niet overdekt. Het moest daar net zo glad zijn als op de overige wegen.

Zo snel als ik kon liep ik op de poort toe en bedacht hoe ik haar zou begroeten en mijn arm zou aanbieden, maar toen ik de hoek omkwam zag ik dat ze al hulp had gekregen van de man met het lange grijze haar. Ze waren nog maar enkele meters gevorderd en ik hield mijn pas in. Hij droeg een wollen muts op zijn achterhoofd en had zijn arm in de arm van de vrouw gehaakt. Zij gingen helemaal op in het maken van hun kleine, aarzelende passen en onderzochten met hun voeten de grond. Even voelde ik iets van teleurstelling, omdat ik een mooie kans op kennismaking aan mij voorbij zag gaan en er ook niet meer in geloofde dat het mij op eigen kracht, zonder de bemiddeling van de oude mensen, zou lukken mij te bevrijden van mijn eigen onbereikbaarheid en in contact te komen met De Waeterlinck.

Ik durfde hen niet te passeren en bleef met een voor mij onwennige traagheid achter hen lopen.

Voordat zij het overdekte gedeelte van de gang binnengingen zag ik hen samen opeens als op een foto, waarop de ingang van de passage hen als een kader omgaf. Het beeld vervulde me met deernis. Het waren oude mensen, ze waagden zich op een dag als deze buiten de deur, stelden hun broze botten bloot aan het gevaar van een doodsmak, alleen om naar de professor te kunnen luisteren. Zouden zij op hun zeventigste nog met dezelfde vragen rondlopen als ik, nog honger hebben naar kennis, nog op zoek zijn naar een stem, die helderder klinkt dan die van de zeurende tegenstander in je hoofd? Hield het dan nooit op?

In het nieuwe jaar begonnen de colleges weer op een druilerige, natte woensdagochtend in januari. Er viel een koude regen en het was donker. Ik trok mijn leren jas aan en zette mijn hoed op. Het was een bruine mannenhoed, een Borsalino, die ik voor weinig geld op de kop had getikt en die ik, sinds ik hem voor het eerst had opgezet, als onmisbaar was gaan beschouwen.

'Uw kleding is uw pneuma,' had De Waeterlinck eens gezegd tijdens een college en het klinkt aardig, maar ik geloof het niet. Sla je kraag op, zet een hoed op je hoofd en je hebt van het ene op het andere moment de ongenaakbare ziel van een Italiaanse maffialeider. Het is met de kleren als met de woorden, ze zijn al klaar, tweedehands, beladen met massaliteit en geschiedenis, onmogelijke instrumenten voor het puur persoonlijke, zo dat al bestaat.

Met het pneuma van Don Corleone en mijn eigen hazehart stapte ik naar school en las op het bord in de hal dat de colleges van De Waeterlinck niet langer in H 211 gegeven werden, maar in een andere lokaal, op de eerste verdieping. Ik nam de trap en stapte nietsvermoedend op de zaaldeur toe, waar het betreffende nummer op stond. Ik verwachtte dat alles bij het oude gebleven was en de zalen in het gebouw identiek waren, maar toen ik een blik door de geopende deur wierp, zag ik tot mijn grote schrik een volstrekt ander soort ruimte. Er was geen hellende vloer. In het midden van de klas stond een tafel waar de oude mensen zich omheen geschaard hadden. Ik keek recht in de ogen van de man met het grijze haar.

'Daar is ze dan,' zei hij en maakte een theatrale, weidse armzwaai.

'Wat een prachtige hoed, kind, prachtig. Ga zitten. Hier.'

Ik kwam besmuikt lachend binnen en nam de plaats in, die door de man aangewezen was. De andere oude mensen knikten mij vriendelijk toe en begonnen allemaal tegelijk iets te zeggen, zodat ik niets verstond. De enige die zweeg en zijn smalle lippen op elkaar klemde, was de kleine, tanige man. Hij nam me met een doordringende blik op, beantwoordde mijn begroetende hoofdknik niet, maar boog zich weer over het boek dat hij aan het lezen was. Ik durfde niemand echt lang aan te kijken en liet me door de woordenstroom van de man met het lange haar op sleeptouw nemen. Hij had het over de hoed en de manier waarop ik binnengekomen was.

'Prachtige opkomst, kind,' zei hij, 'onweerstaanbaar, een volleerd actrice. Ik ben een gekke, oude man, maar ik zie dingen. Zoals je daar binnenkwam, met die hoed diep over je ogen getrokken, onvergetelijk, werkelijk onvergetelijk.'

'Krankjorumme vent,' zei de vrouw met het rode haar.

Een andere vrouw trok aan mijn mouw en zei dat ik maar niet op hem moest letten. 'Hij is helemaal mesjogge,' zei ze met een zwaar Duits accent. Ze had een perkamente huid met lichte levervlekken op de wangen en wat grotere verkleuringen op haar voorhoofd. Het was de vrouw van de lunchpakketten. Zij zat met haar gezicht naar de deur toegekeerd. Aan de glunderende ogen kon ik aflezen dat De Waeterlinck nu binnenkwam. Ik zette mij schrap.

De tafel waaraan wij zaten stond tegen de tafel aangeschoven waarachter De Waeterlinck plaats zou nemen. Ik had hem nog nooit van zo dichtbij gezien, ik kon hem bijna ruiken.

Hij schrok van mijn plotselinge nabijheid, keek me met een verbaasde blik aan, knikte en groette vervolgens de oude mensen.

De fatale vrouw heeft, als iedere mythe, belang bij de afstand. Als je zo nodig een mysterie wilt zijn, moet je uit de buurt blijven van degenen die je via de versluiering wilt verleiden, want zodra je de afstand opheft en de leegte met jezelf vult, valt er voor de mythemaker niks meer te verzinnen.

Mijn nabijheid was een regelrechte moord op het vrouwelijke personage.

Ik heet niet Carmen, Rosa Fröhlich of Natasia Phillip-povna.

Dat zijn de vrouwen uit de verhalen en ik lijk er in de verste verte niet op. Maar zelfs personages waar je niets mee uit te staan hebt, dringen op een subtiele manier binnen en maken van sommige momenten in je leven een scène, waarin je handelt volgens een oeroud scenario en jezelf zinnen hoort zeggen, waarvan je zeker weet dat ze ooit eerder door een ander zo zijn uitgesproken en hun effect hadden.

De levendigheid van de oude mensen had het loslaten van het scenario van de afgelopen drie maanden vereenvoudigd. Ik voelde me opgenomen en het maakte me niet uit dat ik nu niet meer kon voorzien hoe het verder zou verlopen.

Professor De Waeterlinck liep naar de schakelaar en knipte het licht in de zaal aan. Hij nam plaats achter de tafel en zuchtte diep. Evenals in de vorige colleges lag er geen blad op zijn tafel.

Achter de vrouw met het Duitse accent waren twee leerlingen nog in een druk gesprek verwikkeld. Zij draaide zich om en commandeerde hen te zwijgen. Zelfs haar 'sttt' klonk Duits.

De Waeterlinck wenste ons een gelukkig nieuw jaar toe

en zei dat we vandaag wel erg letterlijk in de duisternis gehuld waren.

'We zullen evenzogoed voortgaan met het zoeken naar een uitweg. Het is de moeite waard van dat toch te blijven proberen.'

Nu ik zo dichtbij zat kon ik het gezicht van De Waeterlinck bestuderen en ik vroeg mij af of ik me vergist had. Ontbrak er niet iets dat absoluut onmisbaar is in het gezicht, maar waarvan ik onmogelijk kon zeggen wat het dan moest zijn? Zou ik bij hem vinden wat ik zocht, dat waar ik geen woord voor had, maar dat te maken had met de manier waarop Marius destijds met mij omging?

Marius merkte meteen op dat ik het koud had, trok zijn jas uit en legde hem, zonder een woord te zeggen, over mijn schouders. Marius verheugde zich er op voedsel voor mij uit te kiezen en genoot ervan naar mij te kijken als ik kennismaakte met een nieuwe smaak. Marius bestookte mij met adviezen als: 'Je moet meer eelt op je ziel krijgen' en 'Je moet ook leren over het weer te praten.' Marius zei dat een schrijver alleen moet kunnen zijn, in een goede roman alles met alles samenhangt, de moderne literatuur alleen nog de taal zelf als onderwerp kan hebben, intelligente mensen nooit trouwen, je elkaar in de ogen moet kijken als je met je glazen klinkt en dat de twintigste eeuw met geen andere eeuw te vergelijken was, omdat er mannen op de maan waren geweest. Marius had me nodig.

Het was de vraag of De Waeterlinck ongelukkig genoeg was om mijn troost te kunnen verdragen. Nu ik hem beter bekeek begon ik juist daaraan te twijfelen. Er ontbrak iets in zijn ogen, een hunkering, een reddeloos verlangen, een onverborgen paniek, zoals ik die altijd zag in de ogen van Marius en die ik soms, een ogenblik, kon laten verdwijnen. Meer had ik niet te bieden, dacht ik, en als ik hem dat weinige niet kon geven, was het zinloos door hem uitverkoren te worden.

De Waeterlinck vertelde over hoe hij zijn kerstreces had doorgebracht.

'Ik heb de hele tijd verpoosd met de moderne, Franse filosofen. Het zijn waarlijk zeer fijnzinnige kronkelteksten, maar mij bekruipt steeds het gevoel, dat het allemaal lang voor hen door Hegel en andere negentiende-eeuwse filosofen is bedacht geworden. Vooral Hegel heeft van deze Franse exegeten ongewoon zware klappen te verduren gehad en het is soms pijnlijk om dat te moeten lezen. De groeiende populariteit van de Fransen hier op de universiteit is mij bekend, maar ik hoop ergens dat u in staat blijft doorheen al die plompe misinterpretaties de filosofie van bij voorbeeld een Hegel zelf, te blijven zien en ze mee te laten evolueren tijdens uw kennismaking met al dit moderne gedachtengoed.

Een werkelijk oorspronkelijke geest zal willen vernieuwen en om te kunnen vernieuwen dient er afgebroken te worden, duidelijk. Maar wat voor de afbraak bestemd is, moet godzijdank eerst grondig bestudeerd en gekend worden. Doet u dit ook eerst. Persoonlijk ben ik na tien jaren Franse filosofie meer negentiende-eeuwer geworden dan ooit daarvoor.' Hij stopte even en voegde er toen krachtig aan toe: 'En dat blijf ik ook!'

'Bravo!' riep de oude man met het grijze haar en klapte een paar maal in zijn handen. Hij keek mij daarbij lachend aan en verwachtte dat ik hem in zijn enthousiasme bij zou vallen, wat ik natuurlijk niet deed.

De oude mensen hadden allemaal een schrift voor zich liggen en hadden tijdens de inleiding van De Waeterlinck druk aantekeningen gemaakt. De tanige man kon ik vanuit mijn positie niet zien zonder me over het tafelblad te buigen. Ik deed het niet. Ik had het gevoel dat hij me in de gaten hield. Wel zag ik nu het boek liggen waar hij in had zitten lezen toen ik binnenkwam. Het waren de gedichten van Goethe.

De Waeterlinck nam het onderwerp van het college, de esthetica van Schopenhauer, weer op. Ik was opgelucht dat hij zijn aanval op de Franse filosofen staakte en ze verder met rust liet.

Ik was erg onder de indruk van Foucault.

Ik was verslingerd aan Foucault.

Soms droomde ik van hem.

Een paar jaar geleden had mijn vriend de astroloog, na een zwerftocht door Frankrijk een boek voor mij meegebracht. Hij had zich door een vriend in Parijs, bij wie hij vaak logeerde, laten adviseren. Foucault, Les mots et les choses, had die vriend gezegd. Daarna was ik er altijd nieuwsgierig naar gebleven wie de man was die nu net deze filosoof voor mij uitgekozen had.

Zoals wel vaker meende ik, na het boek gelezen te hebben, dat mijn leven nu totaal zou veranderen. Zoiets had ik nog nooit onder ogen gehad. Zoiets zou ik wel graag zelf hebben willen denken, en schrijven. Mijnheer Foucault schreef filosofie in een stijl die net zo opwindend was als de stijl van een roman. Het was onduidelijk of hier een dichter of een filosoof aan het woord was.

Mijnheer Foucault had greep op de ziel van mijn generatie, een generatie na Mijnheer Sartre of de heren van de Frankfurter Schule. De ziel waar zij over spraken was al gedateerd toen mijn generatie haar noodgedwongen moest erven, omdat er niks anders voorhanden was. Mijnheer Sartre heb ik altijd hooggehouden, want het was de eerste filosoof van wie ik een boek las. En hoewel de sarteriaanse ziel een zware ziel was om te torsen, had ik er veel plezier van, omdat het een moderne ziel was, een ziel van de twintigste eeuw. Iedere andere ziel was uit de tijd, meende ik, en uit de tijd zijn leek mij dom, dus ik was met trots vrij en verantwoordelijk en verbaasde me er zeer over wanneer ik iemand het determinisme en de erfenissen van geslachten hoorde verdedigen, want het geloof in een vorm van doem strookte niet met het geloof van de twintigste eeuw. Ik vroeg me af hoe iemand zo ouderwets kon zijn en hield het er meestal op dat de verdedigers van het determinisme nog niet de juiste boeken gelezen hadden.

Vergeleken met de sartriaanse ziel was die van Mijnheer Foucault licht en zweverig. Met schaamte las ik soms beschrijvingen van het gedrag dat ik zelf vertoonde, van gedachten waarvan ik dacht dat ze spontaan in mij opgekomen waren, maar waarvan Mijnheer Foucault beweerde dat het handelingen en ideeën waren waartoe je ongemerkt gedwongen werd, door de taal en door de wetenschap. De persoonlijkheid was net zo'n grote mythe als de vrijheid van Mijnheer Sartre en omdat er niets was dat ik meer begeerde dan het hebben van een persoonlijkheid, luchtte het me erg op eens te denken dat zoiets misschien helemaal niet bestond en ik mij met andere zaken bezig kon gaan houden.

Ik was blij dat ik van Mijnheer Foucault niet zo vrij hoefde te zijn als van Mijnheer Sartre en ik ruilde met een gevoel van verlichting mijn oude ziel in voor een nieuwe. Het determinisme was zo gek nog niet.

De vrouw met het Duitse accent had al een paar keer opvallend op haar polshorloge gekeken en tikte nu met een vingernagel op het glas, waarmee ze de aandacht van De Waeterlinck probeerde te trekken. Hij begreep haar aanwijzingen, knikte haar toe en rondde zijn verhaal zo af dat hij de pauze in kon luiden.

Hoe kon hij zo klakkeloos gehoor geven aan de dwingelandij van een vrouw, vroeg ik me af. Liet hij met zich sollen? Was hij dociel? Sloot hij, zolang hij onder de mensen verkeerde, voortdurend compromissen, zodat hij daarna voor iedereen weg moest vluchten om zichzelf tegen hun inhaligheid te beschermen?

Nu ik van zo dichtbij de kleine uitwisseling van blikken, de tics in zijn gezicht (hij trok de spieren rondom zijn linkeroog steeds samen, soms trilde zijn onderlip) en zijn volgzaamheid opmerkte, verloor de mythe waarover Daniël had gesproken haar glans.

De Waeterlinck was niet ongrijpbaar, hij was té grijpbaar. Ik hoopte dat het niet zo zou zijn, maar ik had eigenlijk al genoeg gezien. En als ik gelijk had en hij inderdaad iemand was die weinig verweer had tegen de wereld en zich moest verbergen om eerlijk te kunnen zijn, dan behoorde hij tot mijn soort en ons soort heeft in het beste geval mededogen, maar zelden grote bewondering voor haar soortgenoten.

Het maakte mijn opwinding over wat in de pauze kon gebeuren er niet minder op.

De klas liep leeg. De man met het lange grijze haar stond op en stelde zich met een diepe buiging en een zwierige armzwaai voor als Aäron Mendes da Costa. De roodharige vrouw presenteerde hij als een medespeelster in een toneelstuk, hij wees haar aan en noemde haar 'mijn dierbare vriendin Katherina Riwalski'. Zij bleef zitten, maar stak me lachend een smalle hand toe, terwijl ze zich verontschuldigde niet op te kunnen staan, omdat haar benen slecht werkten. De naam van de vrouw met het Duitse accent sprak hij onjuist uit ('Ida'), waarop deze hem met een mengeling van vinnigheid en begrip corrigeerde en zichzelf met een krachtige handdruk voorstelde als Ilda Müller. Daarna dook ze in haar tas, haalde een papieren zakje te voorschijn en liep op De Waeterlinck toe. Ik begon te vrezen dat het mis zou gaan.

De kleine man, die bij mijn binnenkomst Goethes gedichten las, was regelrecht naar De Waeterlinck toegestapt en stond met de rug naar ons toegekeerd. Het voelde als een afwijzing van mijn inmenging. Ik meende aan zijn schouders te kunnen aflezen dat hij zich ergerde aan de luidruchtigheid van ons groepje en ook probeerde om De Waeterlinck de weg naar ons toe te versperren. Inderdaad sprak de man die Mendes da Costa heette met een luide stem en op een voordrachtstoon, grappig en zonder ophouden. Zo nu en dan keek ik naar De Waeterlinck en zag dat ook hij over de schouder van de kleine man blikte om onze richting uit te kijken. Daarna richtte hij zijn ogen weer op de man die pal voor hem bleef staan en keek ik weer naar Mendes da Costa.

Het was ook misgegaan, als Aäron Mendes da Costa niet zo groots was geweest en minder intuïtief. Waarschijnlijk had hij het al vanaf het eerste moment dat ik mij van zijn voordracht liet afleiden om naar De Waeterlinck te kijken, in de gaten gehad, maar het moment waarop hij zich als een ziener presenteerde nog even uitgesteld, omdat hij te veel genoot van zijn eigen verhalen. Vlak voor het einde van de pauze zei hij te weten waar ik op uit was. 'Je hoeft mij niets te vertellen, kind,' zei hij, 'ik zie het wel. Mijn verhalen vervelen je en jij wilt graag iets anders. Kom op.'

Al pratend liep hij op De Waeterlinck en de kleine man toe, wenste hen gelukkig nieuwjaar en stelde mij met veel bravoure voor aan Guido de Waeterlinck en aan de man die László Kovács heette.

'Ik wil graag een afspraak met u maken,' zei ik tegen De Waeterlinck, 'ik wil tentamen bij u doen.'

Na afloop van het tweede lesuur stelde Mendes da Costa voor met zijn allen koffie te gaan drinken, beneden in de kantine. De anderen voelden daar ook wel voor, behalve László Kovács, hij ging niet mee. Sindsdien heb ik tot het einde van mijn studie de colleges gevolgd van professor De Waeterlinck en de woensdagmiddagen doorgebracht in het kleurrijke gezelschap van Aäron Mendes da Costa, Katharina Riwalski en Ilda Müller. László Kovács is op een dag vertrokken en niet meer teruggekeerd.

Aäron werd mijn oudste vriend en hij was een gedreven verteller. Hij kon hele middagen het woord voeren, zonder zich daarbij te laten onderbreken door anderen. Zijn verhalen begonnen steevast met de aankondiging dat het een lange geschiedenis was, vervolgens vertelde hij een voorval en zei dan: 'Dit was de inleiding, einde van het eerste verhaal.' Daarbij maakte hij een cirkelende beweging met zijn gracieuze handen, als een dirigent die de maat afslaat. Daarna volgde een anekdote waarin een volstrekt andere gebeurtenis centraal stond en hij rondde die af met de opmerking: 'Einde van het tweede verhaal,' om ten slotte, vaak veel te gehaast door zijn eigen enthousiasme over een prachtig plot, het derde verhaal te vertellen, waarin dan de personages uit het eerste en tweede elkaar bij toeval ontmoeten en voor elkaar bestemd blijken te zijn. 'Mooi verhaal of niet?' vroeg hij dan en als ik knikte zei hij: 'Ja kind, ik heb een wonderlijk leven gehad.'

In de verhalen van Aäron kwam het altijd goed.

László Kovács trof ik, enkele dagen na mijn kennismaking met de oude mensen, in de universiteitsbibliotheek. Hij kwam de trap af met een aantal boeken onder zijn linkerarm en ik liep naar boven om minstens zo'n grote hoeveelheid boeken in te wisselen voor andere. Ik had mij voorgenomen voor het einde van de winter mijn kandidaatsexamen te halen en had met De Waeterlinck afgesproken om over veertien dagen bij hem mijn laatste mondelinge tentamen af te leggen.

Na het maken van de afspraak voelde ik me beter. Ik had mijzelf en de anderen losgeweekt uit de starheid die de fantast zichzelf en de personages die een rol moeten spelen in zijn fantasie, noodgedwongen oplegt. Zo onvoorspelbaar als echte dromen zijn, zo onveranderlijk zijn de bij daglicht aangemaakte verzinsels. De fantast belichaamt in zijn fantasieën steeds hetzelfde personage: held, slachtoffer, fatale vrouw, genie, meester, en heeft ook voor de wisselende tegenspelers een weinig variabele rol beschikbaar. Helden krijgen de kans van hun leven en worden door de tegenspelers bewonderd, slachtoffers krijgen klappen en troost, de fatale vrouw wordt smartelijk begeerd en stort daarna de minnaar in het ongeluk, het genie wordt erkend en de meester vindt een slaaf.

Nu ik met iedereen kennis had gemaakt en het opgegeven had het toeval te organiseren, kon het leven weer zijn eigen grillige gang gaan.

Kovács tuurde ingespannen naar de treden van de trap en ging steeds met beide benen op een tree staan voordat hij naar de volgende stapte. Als ik mensen van gezicht ken kan ik niet zomaar aan ze voorbij lopen zonder ze te begroeten en ik zei dan ook iets tegen Kovács toen ik omhoog liep. Hij keek verstoord op. Tot nu toe had ik hem alleen pratend en luisterend gezien. Zijn gezicht had daarbij de uitdrukking gehad van ernst en concentratie, wat bars ook en onwillig.

Met een korte, felle blik nam hij me op en er verscheen een verbaasde glimlach rond zijn smalle mond. De glimlach veranderde zijn gezicht compleet en ik had een groot gevoel van opluchting, alsof ik een proef doorstaan had.

'Szervusz,' zei hij en stak me zijn rechterhand toe. In

een vrijwel accentloos en zorgvuldig Nederlands vroeg hij direct daarna welke boeken ik bij me had, welke ik van plan was te gaan lenen en zei toen dat ik zeker eens het boek moest lezen dat hij nu voor de tweede keer mee naar huis nam, een uiterst hilarische opsomming van weggemoffelde onderzoeksresultaten, foute interpretaties en misrekeningen die tot grote ontdekkingen hadden geleid in de wetenschap.

Verbaasd over de geestdrift waarmee hij me vragen stelde en over zijn eigen leesplezier vertelde, leunde ik tegen de trapleuning, een tree lager dan hij.

We leken allebei te vergeten waar we ons bevonden en ik heb zijn blik niet een keer af zien dwalen. Die was voortdurend gericht op mijn gezicht en onderzocht het, terwijl hij sprak.

Het omhoog kijken bezorgde me een stijve nek en uiteindelijk stelde ik voor ergens een kop koffie te gaan drinken of op een ander tijdstip ons gesprek voort te zetten.

Ik was er al bang voor dat het niet goed zou vallen. Zijn gezicht kreeg onmiddellijk een beledigde uitdrukking. Hij keek op zijn horloge en zei dat we dan maar eens een andere keer met elkaar moesten praten, want hij moest nog ergens naar toe.

Bij het afscheid deed hij zijn best om te glimlachen, maar het lukte hem niet goed.

Mij wel.

'Ge zijt me zo vertrouwd,' zei Guido de Waeterlinck na het tentamen, 'het is of ik u al jaren ken.'

Ik zei tegen hem dat ik dat ook had.

Hij zat ontspannen achterover geleund in zijn stoel. Van de nervositeit die hij vertoonde bij het begin van het tentamen was niets meer over. Het lag in de lijn van de gebeurtenissen dat hij me een hoog cijfer gaf en na afloop van de ondervraging voorstelde zijn kantoor te verlaten en ergens in een etablissement een drankje te nemen. Zijn werkdag zat erop en we zouden elkaar beter moeten leren kennen, had hij gezegd, zeker nu ik hem vereerd had met het verzoek me bij het schrijven van mijn kandidaatsscriptie te begeleiden.

In het café vroeg ik hem wat er waar was van het verhaal dat over hem de ronde deed, over de verbranding van zijn werk en zijn afkeer van het schrijven.

'Het is als met de misantroop,' zei hij, 'die houdt te veel van de mensen, wordt dus permanent verraden en ontwikkelt averechts een haat jegens zijn grootste object van liefde. Het verhaal is natuurlijk aangedikt. Ik heb niets verbrand. Ik heb enkel een grote hoeveelheid oud papier bij de vuilnis neergezet en het was daadwerkelijk een bevrijding, een kuising van mijn gemoed. Sommige inzichten gaan nu eenmaal gepaard met kwellingen, pijn en met de vernietiging van het oude. Mijn inzicht was het een diener te zijn, geen meester. Mijn liefde voor de taal is te groot, ik heb haar te lief om haar, zodra ik een pen ter hand neem, door mijzelf vermolmd te zien worden onder een botte syntaxis en uiteengerekt te zien worden tussen deze ongelukkige tweestandigheid van mijn gemoed, die mij een kunstenaar én een denker wil doen zijn. Ik ben geen van beiden en heb mij daarmee afgevonden. Ik ben een knecht van de taal, de schrijvers zijn mijn souffleurs en ik draag hun woorden voor. Weten hoe te moeten sterven is het uiteindelijke geheim van iedere initiatie en ik heb er vrede mee tot deze synthese geraakt te zijn. Ik ben een lezer, een spreker, een acteur, meer niet. Het directe contact met het publiek is voor mij onontbeerlijk.

Gij bezit volgens mij iets waaraan het mij ten enenmale ontbreekt, maar dat waarschijnlijk een voorwaarde is voor het bedrijven van iedere vorm van kunst, een soort synthese tussen hartstocht en afstandelijkheid. Er is in u iets van woede en compassie, een verlangen om op zachtzinnige wijze de meesters te overmeesteren.'

'Is dat zo? Hoe weet u dat?' vraag ik.

'Ik heb naar u gekeken,' zei hij. 'U hebt de spanning er lang ingehouden, maar nu speelt de strijd zich voor mijn ogen af. Ge hebt het hart veroverd van mijn trouwste publiek en ik zie dat ze u ontroeren, zoals ze mij ontroeren. Het zijn bijkans allen vluchtelingen en dankzij hen heb ik vaak het gevoel verbonden te zijn met de geschiedenis, nog iets te kunnen verzachten van het geleden leed. Het is ongetwijfeld de gemoedstoestand van een neurotische mens, die geen verzoening tot stand kan brengen tussen de tegensprakelijkheden van het leven en onder voortdurende schuldgevoelens gebukt gaat. U handelt niet uit schuld. Er is iets anders wat u drijft.'

'Wat dan?'

'Dat weet ik niet. Dat zou u me moeten vertellen.'

Maar ik wist het ook niet, niet echt.

'Het was aangenaam van zo met u te spreken,' had Guido bij het afscheid gezegd, en of we het nog eens konden herhalen.

'Hoe vaker, hoe liever,' heb ik toen geantwoord.

Het zou dan ook Guido zijn die me ervoor waarschuwde de gevoelens van Lászlo Kovács serieus te nemen.

Over gemeenplaatsen heb ik me ooit in mijn hoofd gezet dat je ze moet mijden. Marius zal wel zoiets gezegd hebben als: 'Het cliché is de dood van de literatuur, een kenmerk van taalarmoede en een gebrek aan originaliteit,' en deze wet werd bevestigd door de literaire kritieken, die ik later las.

Dus meed ik ze angstvallig tot ik met Lászlo Kovács te maken kreeg en erachter kwam dat er met de dooddoener iets ergers aan de hand is dan dat ze alleen de taal zou ontsieren.

Ik dacht lange tijd dat de mensen zich lieten leiden door hun wil, hun hartstochten, overtuigingen, ideeën, door iets in zichzelf, maar sinds ik Lászlo heb leren kennen ben ik er steeds meer van overtuigd geraakt dat we niet aangespoord worden door onze passies, maar door de tropen van de passie en dat het geen pure wil is, die ons tot daden aanzet, maar de gemeenplaatsen over de wil. Pas als de ervaring klopt met het cliché van wat een werkelijke ervaring is en we kunnen huizen in de geborgenheid van de taal, ontstaat er zoiets als een gevoel van waarachtigheid, het idee te kloppen, echt te bestaan, werkelijk te zijn.

Lászlo Kovács liet zich leiden door het cliché dat een mens zo oud is als hij zich voelt. Lászlo Kovács was vierenzeventig toen ik hem ontmoette, maar Lászlo Kovács voelde zich achttien.

Aäron en Guido hadden allebei een voorgevoel van de ontwikkelingen, maar ik heb het nooit kunnen controleren, omdat ik me schaamde en na zijn vertrek niet meer met hen over Lászlo sprak.

Aäron zag zichzelf als het volkomen tegendeel van Lászlo.

'Ik ben een praatjesmaker,' zei hij, 'en natuurlijk begeer ik jou ook, maar als je me nu vraagt of ik daar werkelijk iets mee wil, nee. Ik ben een dwaze man, maar ik heb nog wel oog voor de realiteit. Kovács is anders, feller, hartstochtelijker, irreëler misschien, wie zal het zeggen. Hij wil jou, punt uit. Het is allemaal een verzet tegen de dood, allicht, je hoeft me niets te vertellen, kind, ik weet het wel. Je roept ons weer tot leven, wat dacht je. Maar het is toch een prachtig verhaal, twee zulke oude kerels, die zich uitsloven voor een seconde van jouw aandacht, een glimp van je ondeugende ogen en een zoen van je roodroze mond.'

Zinnen als deze werden door Aäron ironisch uitgesproken. Dan zette hij de toon van kunstmatigheid sterk aan, sprak traag en vormde met zijn volle lippen overdreven plechtig de woorden.

Hij had wel gelijk. Lászlo wou me, helemaal.

Na onze ontmoeting in de bibliotheek had hij zich tijdens het daaropvolgende college in de pauze bij ons gevoegd en was ook daarna met de anderen meegelopen naar de kantine. Hij had nauwelijks een woord gezegd, maar mij wel regelmatig onderzoekend aangekeken. Dit herhaalde zich een aantal weken. Het was duidelijk dat hij er niet van genoot.

Op een van die woensdagen vond ik bij mijn thuiskomst een opgevouwen briefje in mijn tas. Er zat geen enveloppe omheen.

Het briefje was van László. Hij stelde me voor elkaar een uur voordat het college begon in de kantine te treffen, zodat we samen een echt gesprek konden voeren en niet bedolven werden onder de joligheid van de massabijeenkomst na het college. Onderaan de brief had hij zijn adres vermeld en ik schreef hem terug het best te vinden. In de uren voor het college begon kwam ik toch nooit tot iets.

Vanaf die tijd zat ik op de woensdagochtend van tien tot kwart over elf tegenover László aan een tafel. In tegenstelling tot Aäron, hoorde hij zichzelf niet graag praten en niemand heeft mij ooit zoveel vragen gesteld als Lászlo Kovács. Word je vaak verliefd? Op welk soort mannen? Moet een man voor jou aantrekkelijk zijn? Wekken mannen een seksueel verlangen in je op? Wie? Hoe? Wanneer? Wordt jouw verlangen door iets beïnvloed, hormonen, films, lectuur? Moet een man bij jou hartstochtelijk zijn of juist terughoudend? Wat betekent liefde voor jou?

Ga er maar aan staan.

De onbekendheid met de vragen, de oprechte belangstelling waarmee hij ze stelde en zijn eigen openhartigheid wanneer ik hem op mijn beurt vragen stelde, gaven me een gevoel van veiligheid en ik oefende me erin zo eerlijk mogelijk antwoord te geven, wat me grote moeite kostte. Maar ik vertrouwde hem en bovenal zijn interpretaties.

Van László kreeg ik niet te horen hoe lief, vriendelijk,

zacht, zorgzaam, spontaan, vrolijk, gevoelig, intelligent en oprecht ik wel was, wat ik me nooit kon laten aanleunen zonder het gevoel te hebben dat iemand weer ergens ingetrapt was en mijn ware aard, waarvan ik ook geen idee had hoe die er uitzag, maar waarvan ik het ergste vermoedde, niet doorgrond had. László zei onomwonden dat ik ontoegankelijk, trots, behaagziek, agressief, obsessioneel, melancholisch, pessimistisch, wantrouwig, destructief, megalomaan, onbereikbaar en narcistisch was. Mijn liefdesverlangen bestempelde hij als 'selige Sehnsucht', mijn liefdesmotto als: 'und wenn ich dich liebe, was geht es dich an' en mijn echte liefdes als zeldzame rariteiten, omdat ik liefhad als de mannen van de stam Asra, 'welche sterben, wenn sie lieben.'

Ik geloofde hem.

Hij probeerde te begrijpen waarom ik zo in elkaar zat.

Ik zag uit naar onze ontmoetingen. Tussen de woensdagen in schreven we elkaar steeds vaker brieven, op den duur zelfs meerdere per week. De aanhef van zijn brieven was dezelfde als de groet waarmee hij me op de woensdagochtenden opwachtte: 'Szervusz kislány.' Het betekende zoiets als 'aardig meisje', had hij gezegd. Hij ondertekende met 'de bolond', wat 'oude dwaas' betekent, maar waarmee ik hem nooit aansprak, omdat ik mijn tong dan de ongewone acrobatiek moest onthouden, wanneer ze met een zweepslag zijn eigennaam probeerde te vormen.

László zei, schreef en riep dat hij verliefd was, maar ik dacht dat het geen kwaad kon, dat het iets was waar hij zelf van genoot, zonder mij daarbij in het echt nodig te hebben. Aäron declameerde tenslotte ook regelmatig liefdesverklaringen en volgens hem had ik zelfs Ilda Müller betoverd.

'Wat is de mooiste film van na de oorlog?' had hij haar een keer plompverloren gevraagd, toen we in de kantine zaten.

'*Mädchen in Uniform*,' zei ze zonder aarzeling.

'Stil maar,' had Aäron gezegd, 'je hoeft me toch niets te vertellen.' Hij had toen zijn hand op haar onderarm gelegd. Het moment was plechtig en ik wist zeker dat hun snelle uitwisseling verder reikte dan mij en raakte aan een verbond tussen henzelf, een gedeeld verleden, een geschiedenis, een tijd waarin ik ongeboren was. Zo luisterde ik ook naar de liefdesverklaringen van Lászlo, alsof ze niet mij golden, maar iets groters en onpersoonlijkers, iets dat voorbij was.

Lászlo hield aan, verbeten, overtuigd. Hij wou mijn liefde. De toon van onze gesprekken werd vinniger, zijn brieven werden aantijgingen, de mijne afwijzingen en verdedigingen. Hij onthield alles, achtervolgde me met mijn antwoorden, interpreteerde iedere blik, aanraking, punt en komma, ieder woord interpreteerde hij en steeds anders dan ik bedoeld had, zei ik, schreef ik.

'Je palmt iedereen in en laat jezelf nooit inpalmen,' zei hij.

'Als je mij verlaat is dat een retrospectieve reactie op je relatie met Marius,' zei hij.

'Hou op met drammen,' zei ik. 'Hou op met me te begeren. Ik word zenuwachtig van jou. Je bent niet reëel.'

Onze brieven mondden uit in interpretaties van interpretaties en uiteindelijk durfde ik geen eigen zinnen meer aan en reageerde een week lang alleen nog met citaten.

Met Kierkegaard, toen hij mij verweet met mijn gedrag de indruk gewekt te hebben hem ook helemaal te begeren:

'Man erfährt aus dem Tagebuch, dass es mitunter etwas ganz Willkürliches war, das er begehrte, zum Beispiel einen Gruss, und um keinen Preis mehr annehmen wollte, weil es das Schönste bei der Betreffenden war.'

Met Kafka, toen hij schreef dat ik grillig en onberekenbaar was:

'Ich ruhe eben nicht in mir, ich bin nicht immer "etwas" und wenn ich einmal "etwas" war, bezahle ich es mit dem "Nichtsein" von Monaten.'

Het waren de laatste brieven. Op een dinsdagochtend in april ontving ik een ansichtkaart.

'Limiet. Resigneer. Ben er morgenochtend niet en zal je niet langer lastigvallen. De bolond.'

IV

De priester

Het is een zondagmiddag in maart 1983 wanneer ik aanbel bij Clemens Brandt. De map met papieren druk ik hard tegen mijn flanken. Het is te laat om nog een variant te bedenken op de afgezaagde begroetingszin die ik voor mijzelf blijf repeteren. Ik kan moeilijk tegen hem zeggen dat de wereld op een elegante manier voor mij klopt, omdat het vandaag een zondag is en hij een priester en zij bij elkaar horen, dat ik, nu ik hier eenmaal beland ben, geen andere dag had kunnen bedenken om hem te ontmoeten.

Nadat ik de belknop ingedrukt heb, veeg ik mijn rechterhand af aan mijn rok en probeer haar zo lang mogelijk droog te houden.

Brandt is beroemd. Dat hij ook nog ooit tot priester gewijd is, ontdekte ik pas toen ik eenmaal een afspraak met hem gemaakt had en het enige boek dat ik nog niet van hem gelezen had, haastig bij de bibliotheek leende. Het was zijn eerste boek, de publikatie van zijn proefschrift. In zijn latere boeken werd in de biografie nooit gewag gemaakt van een priesterschap.

Schrijver en priester kon ik niet combineren. Een priester was ik in geen jaren tegengekomen, het beeld wat ik ervan had was eenzaam ingekleurd door de pastoor uit mijn geboortedorp.

Priesters hebben een roeping, een huishoudster en wasbleke handen. 's Ochtends preken ze in de kerk, ze dopen, huwen, horen de biecht en komen alleen bij de mensen thuis als deze kinderen moeten krijgen of als deze aan het sterven zijn. Meestal zwijgen ze. Ze lezen en bidden. Ze lezen altijd hetzelfde boek en kennen dat op den duur helemaal van buiten. Ze zijn anders dan onze vaders. Het zijn geen normale mannen.

Een gesprek voeren met een auteur was eng, maar niet onmogelijk. Een gesprek voeren met een priester was onmogelijk. Wat was Clemens Brandt? Je kunt niet schrijver en priester tegelijk zijn, het een is in zekere zin een afwijking van het ander. Clemens Brandt was of een abnormale priester, of een abnormale schrijver.

De deur is groot en zwaar in verhouding tot de man die haar opent. Hij is klein, dik en heeft een allesoverheersend groot hoofd, met hangwangen, onderkinnen en een uitpuilende, puntige schedel, waarop te lang haar in vettige slierten vastgeplakt ligt. De bril op zijn neus heeft een zwaar montuur en de glazen zijn dof van het vuil.

Het is de lelijkste man die ik ooit gezien heb.

Met een onverwacht sonore stem nodigt hij me uit binnen te komen. Het is niet zo dat lelijke mannen geen mooie stemmen mogen hebben, dat is het niet, het is alleen een andere wanverhouding die daardoor aan het licht komt, een kloof tussen zijn ogen en dit stemgeluid, deze zachte, tedere, diepe klanken. Want zo zijn die ogen niet.

Als ik hem een hand geef en mijn zin opdreun, sluipt er een acute verveling in zijn blik, een onverhulde weerzin tegen begroetingszinnen die hij misschien al honderden keren heeft moeten aanhoren. Ik schrik ervan. Hij deed geen enkele moeite zijn wrevel te verbergen en te veinzen dat hij voor het eerst iemand haar bewondering en respect uit hoorde spreken.

Ik vervloekte mijn manieren en het gebrek aan durf en besloot een radicaal andere koers te varen. Met al die nederigheid kom je nooit een stap verder.

Hij neemt mijn jas aan en draait zijn rug naar mij toe om hem aan de kapstok te hangen. Dan zie ik onverwachts een schaduw op een plek waar geen schaduw hoort te zitten, ergens tussen zijn schouderbladen. Het is een bochel.

Hij opent een van de deuren die op de gang uitkomen, vraagt mij vast naar binnen te gaan en plaats te nemen, terwijl hij intussen koffie zal zetten.

In de zitkamer overvalt me een zijig gevoel van mededogen, dat zich vasthecht in mijn keel en voorlopig niet verdwijnt. Er ligt een kleed van open kantwerk op een ronde tafel. Ik geloof dat het hem daarin zit.

Het binnenvallende licht wordt gedempt door dichtgeweven vitrages van een grove stof. Er heerst een onbeschrijfelijke orde, die zich ook voortzet in de zware, eikehouten boekenkasten tegen de wand. De boekenkast maakt me niet nieuwsgierig, maar omdat ik aarzel of ik aan de tafel moet gaan zitten of op een van de haaks op elkaar staande zitbanken in de andere hoek van de kamer, ga ik er toch pal voor staan. Er valt niets aan af te lezen. Clemens Brandt heeft de verzamelde werken van zowat iedereen, Aristoteles, Augustinus, Hume, Hobbes, Hegel, Plato, alles.

Op de gang klinkt het gerinkel van serviesgoed. Ik kantel mijn hoofd een slag en doe alsof ik bezig ben met het lezen van de titels op de banden. Ik neem me voor geen enkele opmerking te maken over zijn boekenbezit.

Clemens Brandt komt binnen met een dienblad en loopt voorzichtig naar de lage salontafel, die bij de banken staat. Daarop ligt, behalve een stapel nieuwe, zo te zien nog ongelezen boeken, ook de grote bruine enveloppe met mijn handschrift erop.

Guido zei dat ik een betere leermeester verdiende, dat hij mij als reddeloze hegeliaan en verstokt negentiende-eeuwer niet meer verder kon helpen.

'Jij bent hopeloos verliefd op de twintigste eeuw,' zei hij en gaf me het adres van Clemens Brandt. Hij raadde me aan mijn kandidaatsscriptie naar hem op te sturen. Ik kon niet geloven dat hij die naam uitsprak, werkelijk 'Clemens Brandt' zei.

'Dé Clemens Brandt bedoel je?' vroeg ik en die bedoelde hij.

'Ik heb niets opgeschreven wat Clemens Brandt niet zelf al in andere bewoordingen heeft opgeschreven of op had kunnen schrijven,' zei ik tegen Guido. 'Hij wordt op iedere vijfde pagina van mijn stuk aangehaald en als ik zelf al ideeën heb, zijn het uitwerkingen van wat hij ergens heeft laten liggen.'

'Daar gaat het juist om,' zei Guido. 'Omdat je Brandt als schrijver bewondert dicht je hem een oorspronkelijkheid toe die je zelf niet bezit. Maar ook zijn boeken zijn weer uitwerkingen van wat een andere schrijver heeft laten liggen.'

Binnen veertien dagen ontving ik een antwoord.

Groningen, 25 maart 1983

Beste Mej. M. Deniet,

Hartelijk dank voor uw vriendelijke brief en uw scriptie. Ik heb uw verhaal kritisch en met belangstelling gelezen. Ik meen zonder meer te mogen zeggen dat deze scriptie voldoende basis biedt voor een doctoraalscriptie en zelfs voor een eventuele publikatie in ons tijdschrift. Wel zou ik graag over verschillende punten met u wat van gedachten willen wisselen. Schriftelijk lijkt mij dat erg tijdrovend te zijn, maar ik zou u graag eens willen ontmoeten om dan mondeling over die verschillende punten wat te discussiëren. Mocht u ooit in de gelegenheid zijn om naar het Noorden te komen dan bent u van harte welkom. Een telefonische afspraak is wel gewenst.

Eén punt zou ik nog graag willen vermelden. De verhouding tussen filosofie en literatuur interesseert mij sinds vele jaren op een bijzondere wijze. Voor mij is het niet duidelijk in uw scriptie, en misschien ook niet bij Foucault, wat het verschil is tussen een tekst als zodanig en wat men noemt een literaire tekst. Met andere woorden: wat maakt literatuur tot literatuur?

Met vriendelijke groeten,

Prof. C. Brandt

Van de spanning, nervositeit en opwinding die ik na het lezen van de brief had, was nu niets meer over. Ik zat tegenover Clemens Brandt op de bank, tussen de vier muren van zijn huiskamer, en het leek mij de normaalste zaak van de wereld. Het scheen mij toe dat er niets kon gebeuren waar ik niet op bedacht was, want Brandt was geen vreemd wezen, geen lid van een geheim genootschap waar ik geen toegang tot had, geen deelnemer aan een spel waarvan ik de regels niet doorzag. Brandt was een aardse, normale man, mismaakt weliswaar, maar verder een man zoals ik er meerdere kende. Hij keek naar vrouwen op een vrij brutale manier. Hij keek naar mijn mond, toen ik sprak en hij keek naar mijn knieën, toen ik tegenover hem zat. Niks aan de hand. Alles wat me ongerijmd en uitzonderlijk aan hem geleken had voordat ik hem ontmoette, zou verklaard moeten worden uit iets dat ik noch uit zijn boeken, noch uit zijn biografie op had kunnen maken: zijn mismaaktheid. De onverwachte onbeschaamdheid waarmee hij in de gang zijn verveling prijsgaf en de zinnelijke manier waarop hij me nu bekeek, zonder een poging te ondernemen de richting van zijn blikken voor mij te verbergen, waren hoogstens raadselachtig in combinatie met zijn lelijkheid, maar voor de rest verwachtte ik van die zondag geen onvoorziene wendingen.

Ik heb mij wel vaker op iets verkeken.

Hij schonk koffie uit een pot met een bloemetjesmotief, in van die breekbare Engelse koppen. Hij deed dat heel voorzichtig en geconcentreerd. Op een kristallen schaaltje lagen bokkepootjes. Nadat hij onze koppen volgeschonken had nam hij, zonder mij de schaal te presenteren, zelf als eerste een koekje, beet er gretig in en leunde, met de kop in zijn hand, achterover in de bank. Er zaten kruimels rond zijn nog volle mond, toen hij een slok koffie naar binnen slurpte. Hij keek mij daarbij aan. Ik lachte.

'Waarom lacht u?' vroeg hij.

'Omdat u slurpt en smakt,' zei ik en ik wist wat ik deed.

Gedurende een seconde van verstening staarde hij me aan, zijn ogen groot van verbazing. Daarna lachte hij. Hij lachte een rij grote, sterke, bruingele tanden bloot, waar de resten van chocolade tussen te zien waren.

'U hebt een goed stuk geschreven, mejuffrouw Deniet,' zei hij. 'Nadat ik het gelezen had dacht ik er nog vaker aan terug. U had uw naam nergens voluit geschreven en dan dacht ik steeds aan het stuk van mejuffrouw Em. Ik hoorde daarnet dat u dezelfde naam heeft als mijn moeder en eerlijk gezegd vermoedde ik dat al. Als u er verder geen bezwaar tegen heeft hou ik het op Em.'

Daar had ik geen bezwaar tegen, daar was ik aan gewend. Dat vertelde ik hem.

'Ik ken het goed,' zei hij. 'Psychologisch gezien is het een vreemd iets, een naamsverandering. Ik ben gedoopt als Petrus Hendrikus en werd thuis Piet genoemd. Als jezuïet heb ik ten slotte de naam Clemens aangenomen. Ik had zelf voor Gabriël geopteerd, maar die naam was al vergeven.'

Tijdens het spreken kwam er steeds wat speeksel op zijn lippen, dat hij vervolgens weer naar binnen zoog. Daardoor zag hij er heel kinderlijk uit, als een zuigeling. Vreemd genoeg kon ik mij hem toch niet als kind voor-

stellen, maar te bedenken dat hij ooit een jongen was geweest die naar Piet of Pietje geluisterd had, ontroerde
me.

Ik vroeg hem of hij nog steeds priester was.

'Een afvallige,' zei hij.

'Jammer,' zei ik. 'Met uw stem zou u zelfs een doorge-
winterde atheïst van zijn geloof afbrengen.'

Hij lachte luid, met een opengesperde mond. Hij keek
me dankbaar aan.

'Het is echt een goed stuk, mejuffrouw Em. Ik moet u
bekennen dat de stijl me weliswaar nieuwsgierig maakte
naar de schrijfster, maar dat ik toch niet veel fiducie had
in deze ontmoeting. Het stuk is verlokkelijk geschreven,
maar ook zeer degelijk. Daarom had ik niet iemand als u
verwacht, meer een serieuze, wat stijve en zeker een wat
oudere studente. Want hoe oud bent u helemaal?'

'Zevenentwintig en zeer serieus,' antwoordde ik met
tegenzin, want ik had liever dat hij doorging met praten,
inging op de inhoud van mijn scriptie en mij uiteindelijk de vraag zou stellen die hij me in de brief voorgelegd
had.

Vanaf het moment dat ik de vraag onder ogen kreeg,
heb ik erover nagedacht. Met Clemens Brandt kon ik
geen telefonische afspraak maken eer ik het antwoord
meende te weten. Om goed beslagen ten ijs te komen
had ik een nieuw essay geschreven, waarin ik een groot
aantal definities van filosofen en schrijvers verzameld
had en er ten slotte zelf een aan toevoegde. Overmoedig
had ik het: *Dit is literatuur* genoemd en ik hoopte dat hij
het goed genoeg zou vinden om het te publiceren. Het
zat in mijn tas. De uitnodiging van Brandt om met mij,

op grond van iets wat ik geschreven had, van gedachten te wisselen, had me met trots vervuld. Tijdens de twee uur durende treinreis had ik het gesprek dat wij zouden voeren eindeloos herhaald, mijzelf scherpe antwoorden horen geven, problemen op zien werpen, zijn werk kritisch door horen lichten en in hem een aandachtig luisteraar gevonden, wijzer dan ik, mijn boude verzinsels lankmoedig corrigerend, om me daarna te overladen met onbekende auteurs, titels en fascinerende gedachten.

In je eentje heb je gemakkelijk praten.

Als Brandt ergens geen zin in had, was het wel in het gesprek dat ik in mijn fantasie al met hem gevoerd had, dat zag ik zo. Hij wou het met mij helemaal niet hebben over taal, literatuur en filosofie, over waarom we *Madame Bovary* een roman noemen en *Ecce Homo* filosofie. Brandt wou het liefst zo snel mogelijk afzien van de macht en het aanzien die hij als schrijver bij mij verworven had en mij, in plaats van via de boeken, in levende lijve interesseren voor Brandt zelf.

Juist omdat ik op de valreep ontdekt had met een priester van doen te hebben, had ik alles wat zich nu voordeed en waar ik normaal gesproken op bedacht zou zijn, uitgesloten. Ik had toch een gewijde stemming verwacht, een sfeer van kuisheid, ascese, aandacht en zelfverloochenende toewijding van iemand die in het diepst van zijn wezen altijd priester is gebleven, met of zonder God.

Het essay in mijn map maakte me halsstarrig en gaf me de moed voorlopig de komst van een onvermijdelijk verloop uit te stellen. Ik had me te veel verheugd op een feest van de geest, om het zonder slag of stoot te laten ontaarden in het banale spel van de verleiding door de levensverhalen.

'Natuurlijk, natuurlijk,' zei Brandt beminnelijk, toen ik hem verzocht mijn geschreven antwoord op zijn vraag naar de aard van de literaire tekst even te lezen en erop te reageren. Ik boog me voorover om het essay uit mijn tas te halen en voor hem de passage op te slaan, waar ik driest en overmoedig een definitie gaf van een literaire tekst.

'Waarom leest u het zelf niet even aan mij voor,' zei hij.

Ja, waarom niet.

'Hebt u Derrida gelezen?' vroeg hij, toen ik klaar was met voorlezen en, opeens blozend van verlegenheid, naar hem opkeek.

'Nee,' zei ik. Van Derrida had ik wel gehoord en ik had ook het een en ander over hem gelezen, maar ik was te vervuld van Foucault om mij op het werk van een andere, nog levende filosoof te storten en had het lezen van zijn boeken telkens uitgesteld.

'Vreemd,' zei hij, 'zeer vreemd. Wat u daar beweert over het wezen van de literatuur, zou door Derrida geschreven kunnen zijn, al zal deze nooit het woord *wezen* gebruiken. Ik kan bijna niet geloven dat u nooit een letter van de man gelezen hebt. Weet u het zeker?'

Ja, natuurlijk. Ik knikte. Hij moest maar doorgaan met praten, want ik vond het zenuwslopend. Als Derrida een goed filosoof was, maakte Brandt me nu een compliment en wou ik dat horen. Toch zou het compliment mij alle plezier ontnemen, want dan was alles wat ik geschreven had ook door iemand anders beweerd, maar eerder.

'Om eerlijk te zijn,' ging Brandt verder, 'ben ik al sinds lange tijd niet meer zo geïnteresseerd in Foucault. Wat Derrida doet is duizend maal interessanter, spannender ook en van een, naar mijn mening, hoger filosofisch gehalte. In uw stuk gebruikt u Foucault om uw gedachten verder te ontwikkelen en zich van hem te verwijderen. U denkt dat u uitkomt bij Nietzsche, maar u komt uit bij Derrida. U moet hem lezen, werkelijk, u zult er versteld van staan hoeveel u herkent en terugvindt van waar het in uw definitie in feite ook om draait, een beter begrip van de schrijfdaad zelf. Alleen bent u een metafysica, om het zo maar even te zeggen. Van het schrijverschap maakt u iets heiligs. Het doet me denken aan een christelijke versie van de definitie van Plato, maar dan, godzijdank, enorm gebanaliseerd. Bij u is de auteur toch een beetje een afwezige God, een soort verborgen verleider, die zich in de wereld laat bemiddelen door het boek. Uw definitie stemt mij ook een beetje treurig. Niet alleen, omdat ik zelf schrijver ben, maar ook omdat u mij, gezien uw definitie, beter niet in werkelijkheid had moeten ontmoeten en deze driehoeksverhouding tussen schrijver, boek en wereld puur geestelijk had moeten blijven. U zoekt nog hartstochtelijk naar het wezen van de dingen, merk ik, en u zoekt het buiten de wereld van de teksten. Voor mij is een wereld buiten de tekst ondenkbaar geworden.'

Clemens Brandt ging op het puntje van de bank zitten en sprak gloedvol over een papieren bestaan, een bestaan waarvan alleen het woord de mysterieuze verwekker was. Zo nu en dan stond hij op en haalde een boek uit de kast, las me er een gedeelte uit voor om dan, enthousiast geworden door het citaat, opnieuw op te staan en met haastige dribbelpassen andere boeken te voorschijn te halen. Door het reiken naar de planken was zijn hemd steeds verder uit zijn broek geschoten en hing nu als een verkreukte zakdoek over zijn broeksriem. Hij ging zo op in het verbinden van allerlei citaten en het uitzoeken van mooie omschrijvingen die, van Augustinus tot en met deze Derrida, onderling verwantschap hadden door hun liederlijke lofzang op de taal, dat hij zichzelf volkomen vergat en niet besefte dat hij er steeds warriger en jongensachtiger uit ging zien.

Pas toen een hele stapel boeken op tafel lag en hij vermoeid achterover leunde, ontdekte hij de slip van zijn hemd en begon het omstandig terug in zijn broek te proppen. Hiervoor moest hij zijn rug tegen de leuning aandrukken en zijn onderlichaam iets omhoog tillen. Aan de manier waarop hij dat deed zag ik dat hij geen schaamte kende.

'Ik zie dat ik mij helemaal voor u uitgekleed heb,' lachte hij.

Ik was te dankbaar om niet terug te lachen. Hij had mij precies gegeven wat ik me voorgesteld had, een bezielde kennis van de meest uiteenlopende auteurs, andere omschrijvingen van wat een literaire tekst nu eigenlijk was, een blik op de bezetenheid en lust, waarmee het lezen gepaard kan gaan en hoe de eenzaamheid van deze lust nog te delen was met iemand anders. Ik was die ander, nu.

Er zat een kwijlende, opgewekte, schaamteloze gnoom tegenover mij, maar ik bekeek hem met de blik van iemand die zonet getroost is. Clemens Brandt had mij iets duidelijk gemaakt over een mogelijke toekomst, over een eenzaamheid die voor mij in het verschiet lag en die draaglijk bleek, vruchtbaar, een soort geluk.

Dat zei ik hem, precies zo.

Hij schrok enigszins van de wending die het gesprek plotseling nam, van mijn onverwachte bereidwilligheid het alsnog over hem en over hoe het in het leven verder moest te hebben.

'Laten we ergens gaan lunchen, Em,' zei hij.

Clemens Brandt kon weinig verbergen. Als hij onthutst was, zag hij er ook zo uit.

Hij droeg een donkerblauwe houtje-touwtje-jas. Hij liep rechts van mij. Als ik mijn gezicht naar hem toekeerde en hem van opzij zag, keek ik tegen de massale vleesklomp aan, die zijn bovenlichaam vormde. Hij liep met een verende pas, op zijn tenen. Het was of zijn nek helemaal ontbrak en het hoofd als een dikke prop klei direct op een amorf bovenlichaam neergezet was.

Hij had zijn handen in zijn jaszakken gestoken. Ik ook. Ik voelde me groter dan hij, terwijl ik het niet was. Hij was groter.

Passanten namen ons met onverholen blikken op. Door de manier waarop zij keken zag ik hoe ze ons moesten zien, hij en ik, naast elkaar. Ik moest denken aan *Beauty and the beast*, terwijl ik nog nooit een film heb gezien die zo heet, of een boek heb gelezen met die titel. Je haalt het ergens vandaan en weet niet van waar.

We kwamen over een brug. Uit de tegenovergestelde richting kwam een jong stel, arm in arm, allebei mooi genoeg om kracht te ontlenen aan hun uiterlijk. Het meisje grinnikte in het voorbijgaan te hard en te opvallend. Ze fluisterde de jongen iets toe en ze lachten.

Toen stak ik mijn arm door de arm van Clemens Brandt.

We keken elkaar niet aan.

Bij lunch denk ik aan broodje kaas, maar Clemens Brandt nam me mee naar een restaurant, waar een ober in jacquet hem bij naam begroette, onze jassen aannam en beleefd informeerde of de professor aan zijn eigen tafel plaats wenste te nemen.

Buiten was het helder en licht geweest, maar in het restaurant was iedere herinnering aan het uur van de dag uitgesloten. De ober begeleidde ons naar een tafel in een hoek en ontstak een kaars. De onderdompeling in de tijdloosheid maakte me kalm en tevreden. Er kon weer eens gebeuren wat wil. Ik had de neiging onderuit te zakken en mijn ogen te sluiten, zoals ik vaak doe als ik in de duisternis naast iemand in de auto zit. Want dan heb ik het onherroepelijk, dit lome gevoel van geluk en ontspanning, het gevoel ontrukt te zijn aan de tijd en daarom onverschillig jegens het uur van mijn dood en krachtig bereid ter plekke te sterven, als het moet.

'Bevalt het je hier?' vraagt hij.

'Ja, zeer,' zeg ik en betreur het dat mijn bereidwilligheid gepaard moet gaan met het verwisselen van het persoonlijk voornaamwoord.

'Het leven is mooi,' verzucht Brandt. 'Ik ben blij dat ik je teruggeschreven heb en dat je nu hier bent. Het is toch een onverwachte ontmoeting, vind je niet?'

Ja, dat vind ik ook.

Hij eet er vrijwel dagelijks, meestal alleen, een enkele keer met een student en altijd tussen een en drie uur in de middag. 's Ochtends eet hij havermoutpap, 's avonds een kop soep. Drie maal daags een warme maaltijd is een overblijfsel uit het klooster, een van de weinige.

'Afgezien van dit dan,' zei hij, terwijl hij met zijn hand over zijn tonsuur wreef en daarna een naar voren gevallen haarsliert achter zijn oor duwde, 'maar dat is een restant van een andere orde, minder vrijwillig.'

Omdat ik ernaar vraag vertelt hij hoe het gaat, intreden in een klooster, het aantrekken van een pij, het kaalscheren van de kruin.

'Op de keper beschouwd is het een vorm van verminking,' zegt hij, 'het brandmerken van een kuddedier, zodat een onuitwisbaar spoor achterblijft, waaraan iedereen kan aflezen aan wie of wat je toebehoort. In dienst van het heilige staan betekent apart gezet worden, van de gemeenschap van de mensen afgescheiden worden. Daar moest ik ook aan denken toen jij uit jouw stuk voorlas. Als je in het klooster treedt is het de bedoeling alle banden, waarmee je aan je vroegere leven gehecht bent, door te snijden. Je wordt volkomen afgezonderd, krijgt een nieuwe naam, nieuwe kleren, leert een andere taal, eet ander voedsel en je ringeloort het lichaam. Je doodt je oude persoonlijkheid, om als nieuw mens te herrijzen. Het is allemaal zeer heidens, hoor, wat archaïsche initiatieriten met een vaste opeenvolging van stadia.'

'Had je een roeping?' vraag ik snel, uit angst dat hij zijn verhaal gaat ondermijnen en beëindigen.

'Toen dacht ik van wel,' antwoordt hij bedachtzaam, 'toen wel. Later ben ik psychologie gaan studeren en nu geloof ik eerder gehoor te hebben gegeven aan de roep van mijn eigen moeder. Ik moet gevoeld hebben dat het haar vurigste wens was een heilig kind te hebben. En dat kind wou ik wel voor haar worden, ja. Voor Haar, niet voor Hem. Vind je het vreemd?'

Ik niet. Ik schud mijn hoofd en glimlach hem toe, als aanmoediging om door te gaan.

'Ik herinner me nog zeer levendig de fantasie over hoe ik persoonlijk het verhaal van de zondeval teniet zou gaan doen, hoe ik de tijd terug zou draaien en het verhaal definitief de wereld uit zou helpen. Met God had ik vreselijk te doen, meende ik. God had het zo goed met ons voor gehad. Hij had het paradijs keurig voor ons ingericht, alles het beste van het beste, nergens op bespaard. Onze levens waren beschermd, veilig, zeker. Er hoefde geen onvertogen woord te vallen tussen de mensen, geen pijn geleden te worden, niets stond ons te wachten waar we bang voor hoefden te zijn. We hoefden nergens door opgejaagd te worden en we hoefden nooit te twijfelen, omdat we gewoon de door God uitgestippelde wegen konden bewandelen en de dingen deden, zoals ze door Hem bedoeld waren en Hij bedoelde het goed.

En dan laat Eva zich verleiden door de duivel en eet van die boom van de kennis. Gruwelijk! Ik stelde me helemaal voor hoe God het onder zijn eigen ogen zag gebeuren en er machteloos op toe moest zien hoe zijn eigen schepsels zich in de leegte en de verdoemenis stortten. Het was een onverdraaglijke gedachte, maar nu verdenk ik mijzelf er toch eerder van heimelijk zeer van deze fantasie genoten te hebben. Het verhaal van de zondeval kon ik mij niet vaak genoeg voor de geest halen. Als ik dan bij de scène belandde waar Eva staat te aarzelen bij de boom, kon ik het wel uitschreeuwen van angst: "Doe het niet! Doe het alsjeblieft niet!" Maar ze deed het wel. Ze deed het iedere keer weer. En die arme God moest het ook iedere keer weer mee aanzien, dan was ik tot tranen toe geroerd.'

Hij keek op. Het verhaal heeft hem melancholiek gestemd.

Mij ook.

'Het vreemde was, ik had geen greep op die fantasie. Iedere poging om in te grijpen, het verloop om te buigen en een prachtige heldenrol op me te nemen, door de slang met blote handen te wurgen of op een drafje naar God toe te rennen om hem bijtijds te waarschuwen, veroorzaakte enkel een gevoel van verlamming. Ik kon niets doen aan mijn fantasie. Ik moest het verhaal steeds weer hetzelfde laten verlopen.'

'Je stond er niet buiten. Jij zit er zelf in.'

'Ja,' zegt hij, 'maar in wie?'

Hij tast gespannen mijn gezicht af. Hij is bang voor wat ik ga zeggen, voor een overeenstemming tussen het antwoord dat hij zichzelf iedere keer geeft en het mijne. Ik ken het antwoord, maar ik kan het hem niet geven, het is mij te zwaar.

'God of de duivel,' zeg ik zo luchtig mogelijk, 'het is mij egaal.'

Dan zet de ober twee dampende borden voor onze neus.

Clemens Brandt hangt voorovergebogen boven zijn in plakjes gesneden speenvarken en propt de eerste happen met een grote snelheid naar binnen, te veel ineens. Zijn ellebogen staan naar buiten gekeerd, uitgestrekt als twee gekortwiekte vleugels. Zijn hoofd ligt verzonken tussen zijn schouders en ergens achter zijn oor duikt de contour van zijn bochel op. Zonder de vork neer te leggen en zijn van het vet glanzende lippen af te vegen aan het damasten servet, grijpt hij vanuit dezelfde houding naar zijn glas wijn en spoelt met ferme slokken het eten door. Hij slaat alleen af en toe zijn ogen op om naar het lamsboutje op mijn bord te kijken.

Ik sla hem met groeiende verbazing gade. Hij waant zich volkomen ongezien. Het is domheid of onschuld en ik ga heen en weer tussen afkeer en ontroering. Ik probeer me te herinneren hoe nerveus en opgewonden ik was voordat ik hem leerde kennen, wat de naam Clemens Brandt in mij opriep, voordat ik hier tegenover hem zat. Daar wordt de dag weer wat onwerkelijker van en de mengeling tussen afkeer, nieuwsgierigheid en medelijden reëler.

Mijn maag reageert verschrikt op het ongewone uur waarop ze de spijzen van de avond te verwerken krijgt. Ik eet langzaam. Ik ben bang voor opborrelende rommelgeluiden. Omdat Clemens zwijgt, vertel ik hem hoe ik als kind op een dag naar de pastoor stapte en hem vroeg hoe ik priester kon worden. Terwijl ik vertel kijk ik naar hem, naar zijn bewegende kaken, zijn lippen, zijn handen, zijn gezicht. Het verhaal raakt hem niet en daarom maak ik het nog bonter dan het was. Zijn gezicht vertoont geen enkele reactie. Ontmoedigd door zijn onwilligheid maak ik er snel een einde aan, bang hem nog langer te vervelen.

Als Clemens Brandt achterover leunt en omstandig met zijn handen over zijn peervormige buik wrijft, heb ik nog nauwelijks iets gegeten van de lamsbout. Zijn ogen dwalen steeds weer naar het rechte bot met het malse vlees. Ik voel me opeens opgelaten en verwacht ieder ogenblik zijn hand dwars over de tafel te zien schieten, om de bout van mijn bord te grissen en er ostentatief aan te gaan zitten kluiven.

Hij houdt zich in.

'Waarom interesseert het je zo?' vraagt hij als ik mijn vork en mes neergelegd heb.

'Wat?'

'Priesters, God, de inwijding, dat,' zegt hij.

Vragen van anderen brengen mij meestal in verlegenheid. Ze klinken alsof ik ze mijzelf nooit gesteld heb en naarmate ze me onbekender voorkomen, hebben ze meer gewicht. Er moet toch een reden voor zijn waarom je jezelf de vragen die je bij iemand anders oproept, nooit gesteld hebt? Is er iets dat je voor jezelf geheim houdt, een verborgen kwaad, een ongewenste karaktertrek, een onbekend domein in jezelf, waarvan de ander, degene die de vraag stelt, een vermoeden gekregen heeft? Ik hou er wel van, maar neem ze het liefst mee naar huis, naar de plaats waar ik alleen ben en pas werkelijk over een antwoord na kan denken. Het antwoord wat ik ter plekke geef is provisorisch, onvolledig, een eerste gissing.

'Ik weet het niet goed,' zeg ik. 'Misschien omdat het zoiets absoluuts is, priester worden. Het is ten slotte geen gewoon beroep waarmee je in je dagelijkse leven je brood verdient en waar je nog een ander leven, in je vrije tijd, naast leidt. Het omvat toch je hele leven, denk ik. Je leven valt samen met je werk, met wat je geworden bent, bedoel ik. Ik kan het niet goed uitdrukken. Het is in mijn ogen de absolute toewijding, iets allesomvattends en daardoor ook wel hoogstaand, ja. Hetzelfde geldt voor het kunstenaarschap, denk ik. Het is ermee te vergelijken. Dat is ook een keuze voor een vorm van leven.'

'En wat ben ik dan in jouw ogen,' vraagt hij, 'een kunstenaar of een priester?'

'De priester,' zeg ik onmiddellijk, al weet ik dat ik hem daarmee teleurstel. 'Voor mij ben jij de priester, ik weet niet waarom, want je lijkt op geen priester die ik ken en bovendien strookt het beeld dat ik van een priester had, op geen enkele wijze met hoe ik jou nu heb leren kennen. En toch ben jij de priester.'

Mijn antwoord heeft de mismoedigheid niet van zijn gezicht kunnen vagen, daarom voeg ik er aan toe dat hij veel zinnelijker is, aardser, normaler, een genieter.

Hij glimlacht.

'Misschien heb je wel gelijk,' zegt hij zacht, 'maar ik voel me geen priester meer. Het ligt toch allemaal al zo ver achter mij. Het is voor het eerst sinds jaren dat ik er weer met iemand over praat. Je prikkelt me om erover te praten, over priesterschap, God. Ik weet niet waarom ik er uit mezelf nooit meer toe kom er zelfs maar over na te denken of mij die tijd te herinneren. Eigenlijk doe ik nog steeds hetzelfde, misschien daarom. Priester zijn is toch een soort cultusbevoegdheid en net als het klooster of de kerk, is de universiteit een cultusgemeenschap, met rituelen, inwijdingen, beproevingen, met meesters en leerlingen. Ik oefen toch nog steeds de woorddienst uit.'

'Vind je het onprettig om erover te praten?'

'Nee, nee,' zegt hij geruststellend, 'het levert me alleen wat verwarde gevoelens op. Aan de ene kant is het zeer plezierig en heb ik het gevoel met jou over iets wezenlijks te praten, maar aan de andere kant bekruipt mij ook het onaangename gevoel jou een beetje te bedriegen, door te spreken over iets waar ik niet meer van overtuigd ben en misschien ook nooit geweest ben, trouwens. God, God lijkt een theorie die ik vroeger aangehangen en later als onvruchtbaar verworpen heb. God is voor mij al zo lang door andere woorden met een hoofdletter van zijn plaats verdrongen. Ik wantrouw mezelf als ik erover praat. Ik geloof dat ik zijn naam alleen maar gebruik om jou met mijn verhaal te boeien.'

Zijn stem klinkt als die van een veroordeelde, die zijn schuld bekent en aan de ander vraagt of hij nog meer berouw moet tonen. Het valt me weer op dat zijn ogen soms niet meewerken aan de klank van zijn stem. Meestal staan ze zoals nu, polsend, uitdagend, recalcitrant.

Ik vertrouw nog op de stem.

Ik buig me voorover en leg even een hand op de zijne.

'Trek het je niet aan,' zeg ik, 'daar zijn verhalen toch voor bestemd.'

'Waarvoor?'

'Om te boeien.'

Het is bij vijven als hij me naar het station begeleidt. Ik leun zwaar op zijn arm, omdat ik aangeschoten ben door de wijn. Buiten het restaurant heeft de wereld opeens te veel werkelijkheid om zo door mij gezien te willen worden. Ik knijp mijn ogen halfdicht en laat me leiden als een blinde.

Op dinsdag ligt er een kunstzinnige kaart. Het handschrift is minuscuul, maar heel goed leesbaar. Wat er staat verbaast mij niet. De daaropvolgende dag bezorgt de post in alle vroegte een pakket boeken van Jacques Derrida. Er zit een brief bij.

Terugschrijven kost me uren. Eigenlijk zouden we het hierbij moeten laten. Voor alles wat er staat te gebeuren voel ik een onbestemde angst en ik durf er geen verklaring voor te zoeken. Keer op keer lees ik zijn brief over. Steeds aan jou gedacht, diepe indruk, beetje in de war, volgende week naar Amerika, maand weg, voor die tijd ontmoeten, weekend, samen praten, eten, overnachten mogelijk?

Het is toch Clemens Brandt. Hij vertrouwt me, hij weet veel, het is een eer iets voor hem te kunnen betekenen.

Ten slotte schrijf ik terug dat veel van wat hij zei door mijn hoofd blijft spoken, zijn verhalen over het klooster en het priesterschap me inspireren bij het schrijven van mijn doctoraalscriptie en mij ook iets duidelijk lijken te maken over mijn eigen leven, al weet ik nog niet precies hoe en wat, dat ik hem natuurlijk ook weer graag wil zien en we het dan daarover kunnen hebben, ik blij ben met de boeken, bedankt, hij welkom is in Amsterdam en overnachten geen probleem.

Ik heb het toch zelf in de hand, of niet soms?

Als Clemens Brandt op zaterdagmiddag met een stralend gezicht mijn kamer binnenstapt, me onhandig een grote bos bloemen toesteekt en een klungelige, natte zoen op mijn wang drukt, heb ik alles in de hand behalve mijzelf.

Hij draagt een spiksplinternieuw, licht kostuum, te frivool voor de tijd van het jaar, te flets bij zijn huidskleur en zo dun dat zijn bochel eens zo groot lijkt. Hij heeft het speciaal voor vandaag gekocht. Hij voelt zich een ander mens, uitgelaten, gelukkig, jong.

Het doet me pijn. Ik ga te ver. Zelfs zijn ogen staan wat waterig vandaag. Arme gnoom, idioot verlangen.

'Vind je het mooi?' vraagt hij, zonder aan mijn antwoord te twijfelen.

'Ja,' zeg ik, 'ik vind het een mooi pak, Clemens.'

'Staat het goed?'

'Perfect.'

'Hoe gaat het? Je kijkt nogal gespannen.'

Ben ik ook. Met spijt en wroeging zie ik zijn gezicht betrekken, zijn opwinding slinken, de dromen van de afgelopen dagen, de waanzin van de aankoop van het kostuum, het eenzame genot bij het verzenden van de post, de puberale spanning tijdens de rit van Groningen naar Amsterdam, uit zijn ogen verdwijnen. Om het moment voor te zijn waarop het verlies van een ingebeelde liefde totaal is en hij, volkomen ontnuchterd, zichzelf moet aantreffen in een bouwvallig huis in Amsterdam, verkleed als een circusaap, als een dwaas met belachelijke hersenspinsels, zeg ik gehaast dat het komt door het ongewone van onze kennismaking, om zo snel met iemand zo vertrouwd te zijn.

Dat ik hem graag mag, zeg ik.

Dat ik bang ben hem teleur te zullen stellen.

Dat ik bang ben hem pijn te zullen doen.

Dat ik hem vertrouw.

Dat het wel over gaat, zo, nu hij eenmaal hier is.

Ik ratel mij de tranen in de ogen.

'Emmeke toch,' zegt hij en komt dicht bij me staan. 'Je bent erg lief. Je hoeft niet bang te zijn. Het is goed zo, er wordt niets van je verwacht.'

'Meen je dat?'

'Uit de grond van mijn hart,' zegt hij. 'Als je wilt ontvangen wat ik te geven heb, maak je mij volkomen gelukkig.'

Het zijn bevrijdende woorden, ze luchten me op. Uit dankbaarheid leg ik even mijn hoofd op zijn schouder.

Dat hij zijn wanen maar op mij botviert.

Bij het vallen van de avond liepen we naar het Bickerseiland. Clemens had een tafel gereserveerd bij de Gouden Reael en speciaal verzocht om een plek bij het raam, zei hij, zodat we over het IJ konden staren. Het was de laatste dag van maart en nog te kil om 's avonds zonder overjas buiten te lopen, maar Clemens beweerde het absoluut niet koud te vinden en had zijn jas in de auto achtergelaten. Hij had zijn arm in de mijne gehaakt en hipte naast me als een grote, witte duif die de veren rond zijn nek met lucht heeft opgeblazen en zijn kop in het dons heeft laten verzinken. Ik merkte dat hij zo nu en dan zijn hoofd naar mij toedraaide, maar keek niet terug. We hadden al veel gepraat en het was de tijd om te zwijgen. Ik dacht erover na of het klopte wat hij tegen mij gezegd had, dat ik een ouderwetse platonist was en nog hardnekkig geloofde in het ware, in iets echts buiten het onechte en dat ik daar naar op zoek was.

'Voor woorden als ziel, waarheid, het wezen, goed en kwaad, draai jij je hand niet om,' had hij gezegd. En dat is waar.

Ik heb het over de ziel, de zonde, het goede en God alsof het niks is. Nog steeds, ook al staan ze niet meer voor wat ze ooit voorstelden, de ziel als een zeiltje, ergens in de buurt van het hart, waar een vieze vlek op komt zodra je liegt, bedriegt, vloekt, vit, steelt of er alleen over fantaseert dit alles te doen. Het wordt weer schoon als je de zonden eerlijk opbiecht aan de pastoor, want hij heeft iets wat jij niet hebt, een rechtstreekse verbinding met de grote, grijze man in de hemel.

Mijn beeld van de ziel wijzigde zich enigszins, toen er een nieuw speelgoed op de markt kwam, een schrijfbord met een schuifmechaniek. Met een puntige pen zonder inkt schreef je iets op het plastic vlak en als je dan aan de schuif trok werden de woorden uitgewist. Zoiets was de ziel ook, dacht ik. Als de pastoor erom vroeg trok God aan het schuifje van mijn ziel en wiste mijn woordelijke zonden (17 x gelogen tegen nagenoeg iedereen, vit dagelijks op broers, 1 x diefstal kauwgom bij De Spar, veins spijt na straf juffrouw) uit.

Op een dag was de ziel geen ding, de zonde geen uitwisbaar woord en God geen man meer. Zonder er nog een voorstelling bij te hebben ben ik blijven hechten aan de woorden zelf. Het zijn de hardnekkige metaforen uit de allereerste verhalen die mij ter ore kwamen. Ze vormen de topografie van mijn oerverhaal, waarin de grote vragen over het leven en de dood toevallig deze vorm hadden gekregen en geen andere.

Ik schuw ze niet.

Ik zie er de zin niet van in ze te vervangen door andere woorden die toch op hetzelfde neerkomen.

'Alles is toch een groteske, theatrale voorstelling,' had Clemens met een diepe, maar voldane zucht gezegd. Zucht of geen zucht, Brandt of geen Brandt, ik vond het een filosofie van niks. In mijn hoofd bereidde ik me erop voor hem op doeltreffende wijze, rustig maar nietsontziend, het onomstotelijke bewijs van de onbenulligheid van deze gedachte te leveren.

'*Alles* is een leeg woord, want er is niets mee gezegd. Het gebruik ervan getuigt van een zekere domheid. Het verdoezelt onze onwetendheid over waarom we hier zijn en wat ons te doen staat met het leven. Jij noemt mij een ouderwetse platonist, omdat ik naar de ziel haak, maar jouw idee stamt nog van ver voor Plato. Met jouw "Alles is theater" mag je je bij Heraclitus en consorten scharen, voor wie de zaak ook afgedaan was toen ze bedachten dat alles water, vuur of lucht was. Niets kunnen onderscheiden is het...'

Ik werd opgeschrikt uit mijn overpeinzingen toen iemand luidkeels 'Theresa' als een scherf over het water liet scheren.

Daniël stond op een van de aanlegsteigers aan de kade. Hij liep op ons toe en ik werd me opeens pijnlijk bewust van de man aan mijn arm. Dat werd ruimschoots vergoed door de verbaasde blik van Daniël, toen ik hen aan elkaar voorstelde en weer die aangename gewaarwording had van de elkaar kruisende namen van Clemens Brandt, waarvan er één bij de lelijke bochelaar hoorde en één op de kaft van een boek.

Op Daniëls vraag of hij de schrijver was, reageerde Clemens nurks, helemaal niet op de vriendelijke toon die ik van hem gewend was. Het maakte de belangstelling die hij voor mij had opeens weer bijzonder. Ik kende de onbesuisde spreeklust van Daniël Daalmeyer, maar omdat ik het gevoel had hem in bescherming te moeten nemen tegen de afwerende houding van Clemens, informeerde ik naar de reden van zijn afwezigheid op de universiteit.

'Ik schrijf een boek,' zei Daniël tot mijn schrik. Hij keerde zich helemaal naar mij toe en herinnerde me met radde tong aan de vergelijking die hij destijds maakte tussen Hegels list van het leven en de biografie van een zieke.

'Het kwam toen ineens in me op en daar gaat mijn boek nu over. Ik ben er direct aan begonnen. Het wordt geniaal, een mengeling tussen autobiografie, filosofie en een medische verhandeling. Eigenlijk sta je aan de wieg van een meesterwerk,' zei hij grinnikend.

Mijn arm is een goede geleider voor de groeiende onrust van Clemens. Als ik vanuit mijn ooghoek zie hoe hij zijn vrije hand optilt en omstandig zijn kruin krabt, geef ik Daniël te kennen hem gauw eens te bellen en wens hem succes toe met het schrijven.

'Wie was dat nou?' vraagt Clemens als we verder lopen.

'De epilepticus,' zeg ik.

'Dat jij ook zo onmogelijk kunt zijn,' zei ik met onverhulde bewondering tegen Clemens, terwijl ik opkeek na inderdaad vanachter het raam over het IJ gestaard te hebben.

'Was ik echt onmogelijk? Zo ben ik gewoon te doen, nogal onverschillig, denk ik. Ik heb er ook een leven lang voor nodig gehad om het gevoel te krijgen niemand meer nodig te hebben. Daarom ben jij ook zo gevaarlijk voor me,' voegde hij eraan toe.

Blijkbaar keek ik behoorlijk angstig, want hij probeerde daarna iedere dreiging weg te nemen.

'Je komt als een geschenk uit de hemel, hoor, echt waar, en ik geniet zoals ik al in geen tijden genoten heb, zelfs van mijn eigen verwarring. Misschien kun je ook pas werkelijk voor mensen open staan als je er eenmaal in berust te zijn die je bent, met al je eigenaardigheden. Ik heb geleerd alleen te begeren wat van mijn eigen handelen afhankelijk is, waar ik zelf greep op heb en wat ik niet van buiten of van boven of van wie of wat dan ook hoef te ontvangen. Het is een kwestie van het scherp scheiden van twee werelden, de wereld van de droom en die van de werkelijkheid, van de dag en de nacht, van privé en openbaar, zo je wilt.

Nu ik jou heb leren kennen, wordt er toch een soort bres geslagen in mijn keurig opgeworpen scheidingswand en dan lopen de zaken weer wat door elkaar heen. Is niet erg hoor.'

Clemens had me op een ernstige, lankmoedige toon toegesproken, maar slaagde er niet in mijn onrust weg te nemen. We kregen een menukaart aangereikt. Het lezen en kiezen werd me bemoeilijkt door een raar voorgevoel, het vermoeden dat Clemens me een geheim wilde vertellen, waar hij zich op voorbereid had en dat hij kwijt moest, voordat hij naar Amerika zou vertrekken. Hij was moed aan het verzamelen. Het onthullen van het geheim was een poging vrij baan te maken voor ons en ik piekerde erover of ik mijn eigen gemoedsrust veilig moest stellen door zijn fantasieën over ons bij te sturen, of toe moest geven aan zijn verlangen uit de verborgenheid te komen en daarmee ook aan mijn trots door hem in vertrouwen genomen te worden.

We bestelden uitgebreid.

Over de nacht hoefde ik mij voorlopig geen kopzorg te maken.

'Ik begrijp het niet, wat je zegt. Jij leeft toch behoorlijk openbaar. Hoe ziet jouw leven van de nacht er dan uit?' Ik probeer te kijken als iemand die voor geen enkel antwoord op de vlucht slaat, niets menselijks is mij vreemd, alles al eens meegemaakt, iedere gek zijn gebrek, zal je nergens om afvallen, die blik.

'Ik weet niet of ik er wel over wil praten,' zegt Clemens aarzelend. Hij peilt mijn blik, maar slaat weer onmiddellijk zijn ogen neer.

'Vrouwen,' zeg ik.

'Prostituées,' zegt hij.

Achteraf zou ik zeggen dat het niet door het woord kwam, noch door zijn stem, maar dat het kwam door zijn ogen, dat ik verkil en mijn middenrif zich samentrekt, spant. Hij keek niet bedeesd, besmuikt, verlegen, hij keek verlekkerd. Maar hij keek niet verlekkerd bij de gedachte aan hoeren, hij keek naar mij. Mijn reactie was zijn lust.

Ik zag het als een uitdaging. (Fout)

Ik vroeg door. (Fout)

'Hoeren?' zeg ik, als de ober de zwezerik voor mij neerzet.

'Geen gewone,' zegt Clemens, als de ober zich verwijderd heeft.

Dan krijgt hij de reactie waar hij op wacht, want ik weet het niet meer. Ik weet dan nog niks van perversiteiten.

Clemens registreert nauwkeurig mijn plotselinge angst. Het stemt hem mild en voorzichtig.

'Smaakt het, Em?'

'Ja, heerlijk.'

'Mag ik een hapje proeven?'

'Natuurlijk. Nee, wacht. Ik snij zelf wel een stukje voor je af.'

Ze komen een keer per maand bij hem thuis. De dame Justine bemiddelt voor hem. Ze zoekt ze voor hem uit. Hij weet ook wel dat ze zo niet heet, maar hij denkt vaak aan Justine. Hij heeft haar nooit gezien, kent haar alleen van de telefoongesprekken en hij heeft zich aan haar gehecht. Hij denkt dat ze met liefde de meisjes voor hem uitzoekt. Hij betrapt zich er wel eens op aan haar te denken, wanneer hij met een van de vrouwen is.

Ze heeft alleen speciale vrouwen. Speciale vrouwen nemen een koffer mee. Er is heel wat voor nodig, anders gaat het niet.

Ze boeien hem, hangen hem op, binden hem vast, slaan hem, scheuren hem uiteen.

'Het is verschrikkelijk,' zegt hij. Als hij het wijnglas naar zijn mond brengt, trilt zijn hand. Hij neemt een slok, verslikt zich en krijgt een geweldige hoestbui. Blaffend excuseert hij zich, staat op en loopt naar het toilet. Hij struikelt, maar weet zich staande te houden.

Ik kijk hem na, maar ik ben er niet meer.

Als ik het hemd uit zijn broek trek kreunt hij.

'Nee, oh nee.'

Ik knoop het overhemd langzaam open. Hij legt zijn

handen op mijn heupen, maar ik haal ze weg.

'Nee Clemens. Raak me niet aan.'

Ik wil ook geen zoenen.

Ik neem de bril van zijn neus, trek het overhemd langs zijn armen omlaag en schuif zijn onderhemd over zijn hoofd. Hij heeft veel grote moedervlekken op zijn borst, wratten haast, met haartjes. Alleen de huid rondom zijn bochel is gaaf. Die streel ik. Ik zoen zijn tepels. Hij kreunt.

Ik kniel voor hem neer en gesp de veters van zijn schoenen los, zet hem neer op de rand van het bed en trek zijn schoenen uit, daarna zijn sokken. Een voor een neem ik zijn voeten in mijn handen, wrijf over de wreef, kneed de zolen, ga met mijn tong tussen zijn tenen, lik zijn voeten schoon.

Hij legt een hand op mijn hoofd. Die haal ik weg en leg hem terug in zijn schoot.

Nog steeds geknield maak ik zijn broekriem los en haal zijn broek en onderbroek tegelijk naar beneden. Hij zit ineengedoken op de rand van het bed en volgt al mijn bewegingen. Als ik opsta en mij vooroverbuig om de lakens terug te slaan, hoor ik hem zacht snikken. Ik kijk hem aan.

'Dit is de gelukkigste dag van mijn leven,' zegt hij.

Ik zeg niks. Ik neem hem bij zijn schouders, kantel hem neer en sla de lakens over hem heen.

Ik tref mijzelf pas weer aan als ik, zonder merkbare aanleiding, midden in de nacht wakker word. Ik lig op mijn rug en staar naar het plafond. Het is zondag.

Ik concentreer me op het schurende geluid van zijn

ademhaling, stel mij daarbij nauwgezet een luchtpijp voor, een slijmprop erin, die omhoog gestuwd wordt wanneer hij uitademt, het net niet redt, krassend langs de wanden van zijn luchtpijp naar beneden glijdt, neerploft, weer omhoog, neerkomt.

Het baat niet.

Ik ben volkomen onbereikbaar, behalve voor de walging.

V

De fysicus

We begraven Miel van Eysden op een ochtend in januari. Het weer doet zijn uiterste best. De wind kan nauwelijks snijdender zijn. Hij achtervolgt wat zwarte donderwolken boven onze hoofden, jaagt ze nu eens uiteen, drijft ze dan weer bij elkaar. Af en toe plenst er wat ijskoude regen uit een van de wolken en komt precies terecht op de kleine stoet verkleumde vreemdelingen die achter de baar aanloopt. En zo hoort het ook.

De moeder van Miel loopt aan de kop van de stoet, direct achter de lijkwagen. Haar grote neus is knalrood, het witte haar is aaneengeklit en ziet er uit als een pruik van stro. Ze lijkt op een clown. Ze loopt alleen en fier. Ze staart naar de grond. Soms moet ze haar pas inhouden, omdat ze anders straal aan de zwarte auto voorbijloopt. Ze hoeft door niemand ondersteund te worden.

Af en toe kijk ik naar de man naast mij. Niet te vaak. Als ik naar hem kijk, weet ik de eerstkomende minuten niet hoe ik moet bedaren en mijn juichende buik het zwijgen op moet leggen.

Ik probeer aan Miel en aan de dood te denken, maar het loopt mij allemaal een beetje door elkaar en ik denk aan de dood, de liefde en het leven tegelijk. Het beste wat ik me kan voorstellen is dat Miel hier zelf nog achter steekt, het zo bestiert dat zijn dood weer het beginpunt is van andere verwikkelingen en nog ergens goed voor is.

In mijn hoofd maak ik sommen. De getallen die horen bij deze dag, bij deze maand en dit jaar, tel ik bij elkaar op, vermenigvuldig ik, trek ik van elkaar af, deel ik. Ik wil bij de drieëndertig uitkomen. Hoeveel dagen geleden ontving ik die brief? Welke datum hadden we toen?

Het kleppergeluid van de brievenbus was voor mij altijd een signaal om te stoppen met waar ik mee bezig was. Het kwam niet zelden voor dat ik midden in een zin ophield met lezen en de trappen afholde om de post op te rapen.

Op de vloer van de hal lag een aantal enveloppen. Vanaf de bovenste tree van de laatste trap kon ik de vierkante meter vloeroppervlak overzien en probeerde al in te schatten of er iets interessants tussen zat en ik niet afgescheept werd met teleurstellend grijsgroene giro-enveloppen. Brieven waren het beste en die dag had ik geluk, want ik zag al meteen een blauwe luchtpostenveloppe, die de koningin onder de enveloppen is.

Eenmaal beneden zag ik dat de brief aan M. Lune geadresseerd was, wat me bevreemdde, want het handschrift op de enveloppe was niet het handschrift van de astroloog. Op de achterkant stond geen naam van een afzender vermeld.

Post veroorzaakt een vreemd soort spanning en aan

spanning ben ik verslaafd. Het is een eigenaardige zucht, omdat de spanning waaraan je verslaafd bent begeleid wordt door een even zo heftig verlangen om haar zo snel mogelijk teniet te doen en daarmee het genot om zeep te helpen.

Met brieven kun je het spel mooi verdelen en heb je het veld voor jezelf. Er ligt een ingepakt verhaal en het verloop ervan is onbekend. Tussen de spanning om de ongeziene inhoud van de brief en het verlangen deze zo snel mogelijk te leren kennen, kun je zelf scheidsrechter spelen. Wat ooit eerder geschreven en verzonden is ligt binnen handbereik. Dat neemt niemand je meer af.

Ik legde de enveloppe ongeopend op tafel, zoals ik gewoon was te doen met brieven. Ik liep de keuken in. Zo beheerst mogelijk besmeerde ik een snee bruinbrood met roomboter, zocht in de koelkast naar beleg, maar ontdekte helemaal door de kaas heen te zijn. Nu werd het moeilijk. Ik kon het rekken en naar de kaasboer om de hoek lopen, uitgebreid een omelet klaarmaken met fijne tuinkruiden, of me beperken tot de komkommer, die wel voorhanden was. Ik besloot tot het laatste. Een-nul voor de brief. Toen maakte ik wat werk van die komkommer, sneed hem in dunne schijfjes, strooide er wat peper op en zout en oregano en bedacht opeens dat ik nog wat gemalen mierikswortel had. Daar drapeerde ik een toefje van naast de snee brood. In de kamer maakte ik een hoek van de tafel vrij, liep nog een keer terug naar de keuken om een glas te halen en schonk mij uit de al geopende fles wat rode wijn in. Het was een-een. Ik nam een slok op het leven en op de eenzaamheid van het geluk en opende de knisperende enveloppe met een been van de schaar.

In de enveloppe bevonden zich twee vellen, een hand-
beschreven blauw blad en iets wat er op het eerste oog
uitzag als een telex of een computeruitdraai. Zowel op de
voor- en achterkant van het laatste vel stond in het mij
onbekende handschrift:

'Lees dit eerst maar.'

Om de spanning erin te houden beheerste ik mij, keek
niet op de achterkant van het blauwe blad, om te zien wie
de schrijver was, maar gaf gehoor aan de opdracht en las
eerst het getypte vel.

AUVERS-SUR-OISE – Speurhonden hebben gisteren-
avond het stoffelijk overschot gevonden van de 47-jarige
M. van E. uit Amsterdam. De man werd al een week ver-
mist. Hij is in een 20 meter diepe kloof gevallen. Volgens
de gendarmerie is hij, gezien zijn hoofdwonden, op slag
dood geweest.

Ik staarde naar het bericht en probeerde tot mij te laten
doordringen dat het over de astroloog ging, dat hij dood
was. Het duurde even. Toen wist ik het. Het verdriet
moest nu snel komen, vond ik, maar het zat vast achter
een vierkant blok, dat met zijn scherpe hoeken in mijn
luchtpijp prikte. Pas toen mij ongevraagd heel oude zinnen te binnen schoten, pasklaar, alsof ze altijd geduldig
in mijn hoofd lagen te wachten om te allen tijde en eindeloos herhaald te worden, kreeg ik weer ruimte voor de
lucht en ook voor de pijn.

'God hebbe zijn ziel,' prevelde ik, 'de Heer zij hem ge-
nadig, hij moge rusten in vrede, ad resurrectionem mor-
tuorum.'

Mijn arme vriend, die arme ziel.

Het blauwe blad was al lang zo spannend niet meer. Ik vermoedde door wie het beschreven was.

Parijs, januari 1984

Beste M. Lune,

Sorry dat ik je aan moet spreken met een naam die je nu misschien pijn doet, maar ik heb Miel nooit anders over je horen praten als over monsieur Lune. En ik vind het ook wel mooi. Ik ken je echte naam niet en in Miel zijn adressenboekje sta je zo vermeld. Echt Miel.

Bijgaand bericht zal vandaag of morgen in de Nederlandse kranten afgedrukt worden. Ik vind dat je er recht op hebt om op een meer persoonlijke wijze op de hoogte te worden gebracht van de dood van Miel.

Mevr. Van Eysden is direct door de Franse politie benaderd en heeft op de ochtend, na de ontdekking van het lichaam, Miel geïdentificeerd. Ze belde me op vanuit Auvers. Ze zei iets over een vredige glimlach rond zijn mond. Om te troosten, denk ik.

Als alles goed gaat wordt zijn lichaam morgen overgevlogen naar Nederland en zal hij aanstaande maandag in Hengelo begraven worden. De Van Eysdens hebben daar een familiegraf. Zijn vader ligt er al.

Morgenochtend neem ik de trein naar Nederland en zal dan maandag de begrafenis bijwonen. Ik wil je graag ontmoeten. Miel had het vaak over je. Na mijn aankomst zal ik je even opbellen om te horen of een ontmoeting schikt en we iets af kunnen spreken.

Sterkte, want het is wel heel verdrietig. Excuses voor het slechte handschrift.

Hugo Morland

De astroloog begon en eindigde zijn reizen door Frankrijk altijd in Parijs. Zijn favoriete logeeradres was dat van Hugo Morland en zijn vrouw Sybille. Hij was een Nederlander, zij een Française en ze werkten beiden als fysicus bij het Institut d'Astrophysique.

De astroloog had hen ooit bestempeld als het spiegelbeeld van zijn eigen ouders: alles wat negatief uitviel aan hen, keerde in de omgekeerde, positieve vorm terug bij de Morlands. Hoe de astroloog kennis had gemaakt met Hugo Morland herinnerde ik mij niet meer, maar ik wist dat het een jarenlange vriendschap betrof, die in zijn jeugd in Nederland begonnen was.

De verhalen van de astroloog hadden mij altijd nieuwsgierig gemaakt naar monsieur et madame Curie, zoals hij ze ook wel noemde. Toen ik een aantal jaren geleden met hem Parijs bezocht, was het een grote teleurstelling te ontdekken dat de Morlands in diezelfde periode voor een congres naar Berkeley waren.

Voor natuurkunde heb ik een heimelijk ontzag. Als het beeld van de geniale, verstrooide, met formules goochelende uitvinder nog ergens ondergebracht kan worden, is het wel bij de natuurkunde. Vergeleken met zo'n exacte wetenschap verbleekt de filosofie gauw tot wat zweverij, die al lang niet meer bij kan benen wat de fysici over dezelfde vraagstukken te melden hebben als waarover de filosofen zich altijd het hoofd breken. Het ontstaan van het heelal, de oorsprong van het leven, de grenzen van de wereld, het wezen van de tijd en daar dan de onderlinge samenhang van ontdekken, zodat alles in één simpele, omvattende gedachte begrepen wordt, daar gaat het toch om? Wat is dat dan voor een wrevelig gedoe tussen alfa en bèta?

Ik schrijf ze zelf ook wel een helder hoofd toe, die fysici, hygiënischer dan dat van de filosoof, gespeend van romantiek, maar daardoor ook, hoe zal ik het zeggen, nogal a-literair. Ondanks zijn wanhopige pogingen een wezen van de werkelijkheid te zijn, blijft de filosoof toch de slaaf van een versmade retoriek.

De pijn om mij de astroloog te herinneren, onze uren, onze gesprekken, zijn treurige ogen, het gebogen lichaam, zijn tranen en zijn gekte, werd doorkruist door het opwindende vooruitzicht eindelijk kennis te maken met een echte fysicus en bèta-man. Door tussen ons heen en weer te gaan had de astroloog ons al onderling verbonden door een web van verhalen en ik was benieuwd te zien of zijn beschrijvingen klopten. Ik wou ook wel eens weten waarom een fysicus de astroloog destijds aangeraden had Foucault voor mij mee te nemen.

Het was donderdag, vier dagen voordat de begrafenis plaatsvond. Hij belde dezelfde avond.

'Monsieur Lune? Ja, Morland hier,' zei hij en zweeg daarop volkomen.

Ik meen dat ik het direct voelde, een siddering, veroorzaakt door de traagheid waarmee hij zijn naam uitsprak, een pulserend ritme, waarmee de woorden doorkwamen, ieder woord afgebakend, omgeven door stilte en deinend in rust. Het zwijgen daarna was zo volstrekt, dat het een spanning opriep die ik meteen teniet moest doen door hem uitgebreid te verwelkomen, goede reis gehad, enzovoort.

Ieder antwoord dat hij gaf was miniem en had hetzelfde ritme als zijn eerste woorden, met die onbeschaamd lange interval.

Hij wilde vis eten. We zouden elkaar ontmoeten in de hal van zijn hotel, daarna gaan eten bij Lucius.

'Hoe herkennen we elkaar?'

'We herkennen elkaar,' zei hij.

Dat was ook zo.

Hij stond rechtop, met zijn armen over elkaar en leunde ontspannen tegen een marmeren pilaar in het midden van de hal. De traagheid van zijn stem had zich grafisch voortgezet in de tekening van zijn gelaatstrekken. In zijn gezicht vielen vooral de diep verzonken, half geloken ogen op. Hij was om en nabij de veertig, had een kalend hoofd, een breed gezicht en een grote mond, waarvan de onderlip rustte op een glooiende, vooruitstekende heuvel, zonder daarvan scherp onderscheiden te zijn. Zijn bovenlip was anders, smaller en in het midden verdeeld door een uitgestrekte zwaluwlijn.

Het was geen uitgesproken mooie man. Hij had iets wat ik nooit eerder bij iemand had bespeurd. Ik hoorde het eerst in het ritme van zijn spreken, zag het daarna in zijn gezicht en later in al de bewegingen van zijn lichaam, een lome veerkracht, de sensualiteit van een tempo. Als hij liep had hij iets van een verzadigde, luie leeuw onder een gloeiende zon. Geen gebaar bij hem was bruusk of abrupt.

Hij keek naar me, maar verroerde zich niet. Hij glimlachte niet, trok zijn wenkbrauwen niet op, bracht niets in dat gezicht in stelling om het spel van de begroeting op de gebruikelijke wijze te kunnen spelen. Ik raakte er helemaal van in de war. Ik vond hem onweerstaanbaar.

'Hugo?' vraag ik, terwijl ik op hem toeloop.

'Lune,' zegt hij en maakt zich langzaam los van de pilaar.

We wachten op de zeeduivel. Was het echt een ongeluk, hebben we elkaar gevraagd. We weten het niet.

Drie maanden voor zijn dood zag Hugo hem nog in Parijs.

'Hij was al erg chaotisch toen hij uit Amsterdam kwam en jij hem voor het laatst hebt gezien. Daarna heeft hij wat door het Zuiden gezworven, weer op zoek naar een plek, denk ik. Het zal eind september geweest zijn, hij belde ons op en vroeg of hij een paar nachten bij ons kon slapen.

Hij zag er woest uit, erger dan ooit daarvoor. Wat hij zei kon ik nog maar nauwelijks volgen. Miel was de enige ingewijde geworden in zijn eigen systeem. Al die verbanden, het was echt te veel. Hij sprak toen vaak over zijn weerzin tegen Van Gogh en dat hij toch onverbiddelijk naar de plaatsen toegezogen werd, waar Van Gogh gewoond en gewerkt heeft. "En dan sta ik opeens weer in Arles", je weet wel hoe Miel zoiets kon brengen. Daar had hij wat lopen wandelen, vertelde hij, over de velden, zonder te weten wat hij daar nu eigenlijk zocht. Plotseling was een kraai wild geworden, of zoiets, en had hem aangevallen. Hij had hem in zijn oor gepikt en was weer weggevlogen. Daar was hij erg door van streek geweest.

Miel had vaak vreemde verhalen. Ik heb ze altijd geloofd. Het was geen fantast, als hij het over de werkelijke werkelijkheid had, tenminste. En hij heeft het me zelfs laten zien, de korst van een wond aan zijn oorschelp. Vreemd, hè? Toch heb ik toen voor het eerst gedacht dat Miel knettergek aan het worden was. Nee, dat was het eigenlijk niet. Ik geloof dat Miel zelf voor het eerst in zijn leven dacht dat hij gek aan het worden was.'

'Arme astroloog.'

'*Le besoin de la fatalité* noemde Sybille het.'

'Mooi gezegd,' zei ik en klepperde er nog wat achteraan over de troost van de passende uitdrukking, de poëtische omschrijving, het treffende beeld. Het baatte niks. Het beeld van de eenzame astroloog, dolend door de velden van Frankrijk, en het verstikkende verlangen me tegen het lichaam van Hugo aan te drukken om daar langdurig en luid te huilen, lieten zich niet zo eenvoudig op de vlucht jagen.

Naarmate de avond vorderde en het levensverhaal van de astroloog volkomener werd dan het voor mij ooit geweest was, groeide mijn gevoel van spijt. Regelmatig schoten mij pijnlijke momenten te binnen, waarop ik bits tegen hem was geweest of hem niet binnen had gelaten.

De astroloog was de oudere buurjongen geweest van Hugo. Ze hadden dezelfde hobby: de sterren. Hugo kreeg op zijn elfde een sterrekijker van zijn ouders en sindsdien bracht de astroloog hele dagen bij hem door, op Hugo's zolderkamer. De astroloog was niet graag thuis. Hugo vond het er ook onplezierig. De oude Van Eysden beschreef hij als een barse, autoritaire man, een goede wetenschapper, een slechte vader, verliefd op de accuratesse van zijn vrouw, de peilloze diepten van de aardbodem en van zijn eigen intellect en vervuld met een kille onverschilligheid jegens alles wat daar niet onder viel. Miel viel er niet onder. Hij was doodsbang geweest voor zijn vader.

'Miel heeft toch altijd het idee gehad door zijn ouders voor het leven verminkt te zijn. Daar is hij nooit vanaf gekomen. Eigenlijk is het een heel kinderlijke man gebleven, bang om zelf iets te ondernemen, bang om in de ogen van zijn vader te falen. Zijn moeder had hem moeten redden, maar zijn moeder keek die man naar de ogen. Ze is altijd idolaat van haar man geweest.

Miel kwam soms trillend van ingehouden woede mijn kamer binnen, dat ik dacht, hij ontploft voor mijn ogen. "Sla hem toch eens geducht op zijn bek," zei ik dan tegen hem, maar dat kon hij niet. En dan keken we maar weer wat naar de sterren. Daar werd hij kalm van. Dan kon hij het volgens hem ook allemaal zien en begrijpen. "Het moet zo zijn," zei hij dan, bijna gelukkig. Dan had hij gezien dat de Mars van zijn vader die dag zijn Zon blokkeerde, of zoiets. Heel die flauwekul hield hem op de been.'

We lachen naar elkaar, weemoedig. Ik durf hem niet te zeggen dat ik niets liever zou willen dan dat de astroloog hier bij ons aan tafel zat en ons samen wichelde. Daarom vertel ik hem waar ik steeds maar aan moet denken, aan het beeld van het wiel in het hoofd van de astroloog en hoe het nu, samen met zijn hersens, vermorzeld is.

'Ja,' zegt Hugo, 'hij had de hemel altijd in zijn hoofd. Wat hij deed was tot op zekere hoogte hetzelfde als wat ik doe. Hij werkte met exacte metingen, wist hoe het er hierboven uitziet, keek, rekende, bepaalde de posities van de planeten in de ruimte, tot op de graad nauwkeurig, kende hun ommegang. Alleen werd hij daarna de tovenaar en ik niet. Vanaf het moment dat hij het firmament in kaart gebracht had, ging hij de topologie van de hemel gebruiken om er een landschap van de menselijke geest mee uit te stippelen. Daar begint de mystificatie, natuurlijk. De magiër blijft niet bij de sterren zelf, maar springt van boven naar beneden, met de sommen in zijn hand, en gaat dan iets beweren over het karakter van de mensen en hoe dat met de sterren in verbinding staat. Een sterrenkundige zoekt ook naar verbanden, maar hij blijft boven, bij de sterren zelf en probeert iets over hun gedrag, als je het zo mag noemen, te weten te komen.'

Kon hij dat begrijpen, waarom de een astroloog werd en de ander astronoom?

'Ik heb weleens gelezen dat de filosofie die je aanhangt uiteindelijk te maken heeft met wie je bent, als persoon. Is dat zo?'

Ik knik.

'Wij waren andere personen, hij en ik. Je kunt zeggen dat Miel behoefte had aan een noodlot, maar voor hetzelfde geld kun je zeggen dat het een behoefte was aan een autoriteit, aan iemand die hem de wet voorschreef, hem goedkeurde of afkeurde, hem beoordeelde in ieder geval. Ik geloof dat ik fysicus geworden ben, omdat ik geen enkele vorm van autoriteit verdraag. Het is de jongensdroom van de natuurkundige om de bestaande, gezaghebbende wetten omver te werpen. De natuurkunde legitimeert het om nooit iets als absoluut of onaantastbaar te beschouwen en zo'n houding past bij me. Daar heb ik mijn beroep van gemaakt.'

We aten weinig en dronken veel.

'Je boft,' zei Hugo, toen we tegen tienen buiten stonden. Hij had een hand op mijn schouder gelegd en een blik omhoog geworpen. Ik begreep dat hij op de volle maan doelde die volmaakt rond boven Amsterdam hing.

'Het blijft een wonderlijke gedachte,' zei hij. 'Je ziet die sterren en kijkt naar iets wat er niet meer is. Wat je nu ziet is de verleden tijd.'

Dat wist ik. Dat had ik weleens gelezen.

De hand op mijn schouder woog zwaarder dan die wetenschap.

We liepen terug naar zijn hotel. Hij wou bijtijds naar bed, had hij gezegd. De reis had hem vermoeid en hij had Sybille beloofd nog even te bellen.

De teleurstelling deed al veel te veel pijn en ik nam me voor mij niets in mijn hoofd te halen, wat niet lukte.

Nadat we voor de ingang van het hotel afscheid genomen hadden, hij mijn hoofd vastgepakt had, kalm, zonder haast, zonder hoekigheid, een zoen op mijn mond gedrukt had en daarna zei dat Miel geen betere naam had kunnen verzinnen, hield ik het fietsen nog vol tot ik zeker wist aan zijn oog onttrokken te zijn, stapte af en liet, hangend over een brugleuning, een gierende huilbui zo gedempt mogelijk over me komen.

'Klootzak,' schold ik tegen de nacht, omdat ik ook niet wist voor wie het anders bestemd was en ik bovendien vind dat je zoiets nooit hardop tegen iemand in het bijzonder hoort te zeggen.

Wat heb ik nu te bieden? Niks. Vergeleken met hem ben ik een bange brok zenuwen en hij is natuurlijk volkomen content met zijn Française. Daar valt niet tegenop te boksen. Française, het is zo ongeveer het equivalent van perfect. Mooie vrouw en volleerd minnares, rank, slank, hoog op de benen, zelfverzekerd, elegant, verfijnd, geraffineerd en ze is nog intelligent ook. Ze werken samen, wat wil je nog meer? M. et Mme. Curie, de perfecte harmonie tussen een man en een vrouw is sinds Plato niet meer zo scherp weergegeven als door de naam van dit echtpaar. Hij houdt van haar. Hij heeft het voortdurend over haar, Sybille. Hij is prachtig. Het is absurd, stomme begeerte.

Een rinkelende telefoon maakte een einde aan mijn monoloog.

'Lune,' zei hij, 'ik wil de zee zien. Ik heb vanaf twee uur een auto tot mijn beschikking. Ga je mee?'

Strandwandelingen maken is niets voor mij. Aan zee verveel ik me. Het is steenkoud buiten, ik ben in een mum van tijd verkleumd. Ik moet platte wandelschoenen dragen, dan is hij helemaal twee keer zo groot. Ik krijg een knalrode kop van de wind. Hij is getrouwd.

'Ja.'

De auto was goed verwarmd en hij reed ongegeneerd langzaam. Met zijn linkeronderarm leunde hij op het portiershandvat en zijn rechterhand lag boven op het stuur. Alle andere auto's passeerden ons. Het deerde hem niet. Mij kon het ook niets schelen. Hij zweeg en keek wat naar het landschap en soms naar mij. Ik had ook niks te zeggen en keek veel naar hem.

Ik vertrouwde hem. Het vreemde met Hugo was, dat zijn betrouwbaarheid juist opgewekt werd door de onvoorspelbaarheid van zijn reacties, een gebrek aan theater. Heel de bekkentrekkerij van de conventies had op hem geen enkele uitwerking en werd zelfs, door zijn kalme weigering om een glimlach met een glimlach, een hoofdknik met een hoofdknik, een blik met een blik te beantwoorden, in mijn eigen ogen een leeg grimassenspel. Je bent er toch aan gewend dat een ander je tegemoet komt en onmiddellijk, zoals een toneelspeler op de claus van zijn tegenspeler, op jou reageert, zijn eigen gezicht in de vereiste plooien trekt en jou niet achterlaat in de kille eenzaamheid van een onbeantwoord gebaar. Dat is dus wat Hugo wel deed. Het bracht me steeds in een giechelige stemming, wat zenuwachtig, belachelijk alleen en tegelijkertijd vol bewondering voor zijn ongewone manier om een verwachte causaliteit omver te gooien.

Na tien minuten lopen was ik koud tot op het bot, dat kon hij wel zien. We zijn toen meteen naar een restaurant in de duinen gelopen en het duurde me nog te lang eer we er waren.

'Beroerde bloedsomloop,' mompelde hij toen ik tien ijselijk witte vingers uit de handschoenen te voorschijn trok. Hij nam mijn handen in zijn warme handen en hield ze rustig vast. Ik keek hem aan en glimlachte. Hij keek mij ook aan en glimlachte dus niet.

Ik verbaasde me weer over die ogen van Hugo. Gisteren had het nog vermoeidheid kunnen zijn, een slaperige blik, maar vandaag waren ze nog steeds zo, verzonken achter hoog gewelfde, halfgesloten oogluiken.

Een ober kwam onze bestelling opnemen en ik dacht

dat het wel mooi geweest was en maakte van de gelegenheid gebruik om mijn handen naar mij toe te halen.
Voordat hij ze liet gaan verstevigde hij even zijn greep.
Dat verwarde me. Mijn handen waren me opeens ook te
veel, ze waren daar bij hem beter op hun plaats geweest.

We namen koffie met cognac en ik vroeg hem wat hij
nu precies deed, ginder, in Parijs.

'Sommen maken.'

'Wat bereken je dan?' vroeg ik en toen heeft hij me proberen uit te leggen wat het betekent om mogelijkheden
te berekenen, waarom het in de fysica niet meer ging om
de materie, maar om neigingen, gebeurtenissen, waarom
hij moest werken met zoiets als waarschijnlijkheid. Hij
vertelde over het verval van de sterren, over de ongrijp-
baarheid van de zwaartekracht, over imaginaire tijd en
over zwarte gaten.

Eerlijk gezegd wist ik niet wat ik hoorde en het hielp
ook helemaal niet dat hij een pen te voorschijn haalde en
op de achterkant van bierviltjes tekeningen maakte van
toestellen, waarmee ze proeven deden om te bewijzen
dat niets meer met volledige zekerheid te bewijzen valt.

Hij was heel duidelijk, daar lag het niet aan en hij begon steeds weer opnieuw als hij zag dat ik het niet snapte, maar wat hij vertelde ging mij domweg boven de pet.
Ik begreep de woorden, want de woorden waren zo helder als glas en hadden bovendien iets bekends, omdat ze
ook wel gebruikt werden in studies over de fictie, ellip-
sen, parabolen, en zo, maar zonder het te snappen hoorde ik het meest onvoorstelbare wat ik sinds jaren te horen gekregen had. Ik was in de war, opgewonden en wou
dat ik zelf natuurkunde gestudeerd had.

Hij grinnikte om de gretigheid waarmee ik luisterde en hem steeds opnieuw hetzelfde liet zeggen.

'Als ik jou zie kan ik me weer voorstellen wat die arme geleerden in het begin van de eeuw hebben moeten doormaken,' zei hij. 'In één klap staat de wereld op zijn kop en wordt er, iedere dag weer, een nieuw bewijs aangedragen voor de onhoudbaarheid van wetten, waarmee zij als wetenschappers zijn opgegroeid. Ze moeten met lede ogen aanzien dat het eeuwenoude ideaal, om een totale en objectieve beschrijving van de natuur te geven, volkomen van de baan geveegd wordt. Door de quantummechanica moet die gave, ongeschonden wereld weer verdeeld worden en bij die verdeling komt opeens een terrein vrij, waar de fysicus zelf in het geding komt en hij zijn subjectiviteit niet langer buiten de deur van het laboratorium kan houden. Je kunt het nog het beste aflezen aan zo iemand als Einstein, aan de hardnekkigheid waarmee hij een vergruizeld wereldbeeld heel probeert te houden en alles op alles zet om zoiets als het toeval buiten het domein van de natuurkunde te houden. Weet je wat hij zei?'

'Nee.'

' "God dobbelt niet!" zei hij.'

'Zei Einstein dat?'

'Het schijnt.'

'Geloofde Einstein dan in God?'

'Einstein geloofde in ieder geval niet in het toeval, Lune.'

Het was een behoorlijk tumult in mijn hoofd. Ik probeerde te onthouden wat Hugo verteld had, over het verval, over spiegelbeelden, vrije deeltjes, de tweelingparadox, het begin en het einde van het heelal, de grenzen, het onzekerheidsprincipe en de wet van de toenemende chaos, maar ik kon het niet, het was te onvoorstelbaar. Dat al die prachtige begrippen thuishoorden in de fysica, dat was eigenlijk het meest onvoorstelbare eraan. Terwijl ik ze beluisterde en hoorde hoe Hugo ze gebruikte om mij iets te verduidelijken over de neutronen, protonen en fotonen, trok ik ze al naar mij toe, beroofde ze van hun betekenis voor de kennis van de fysische wereld, om ze in mijn hoofd om te smeden tot woorden waarmee je iets kon zeggen over het leven in het algemeen en dat van de schrijver in het bijzonder.

'Het zijn in feite allemaal mathematische bedenksels,' zei Hugo, 'en als we iets bedacht hebben moeten we, om toch iets van die werkelijkheid te begrijpen, even doen alsof die bedenksels echt zijn, alsof het stof is, materie, iets wat zich in de ruimte en de tijd bevindt. Maar het blijven woorden waar we mee spelen, namen die we aan formules en getallen gegeven hebben. Jij hebt gewoon een fout beeld van ons, Lune. Er zitten heel originele jongens in dit vak, vergis je niet. Ze verzinnen gekke namen voor die deeltjes, beetje mystiek ook, al hou ik daar helemaal niet van.'

'Welke?'

'Ik kan ze niet vertalen. Wij gebruiken de Engelse termen, *charm* bij voorbeeld, en *strangeness*. Hoe zou je dat vertalen?'

'*Strangeness*? Als naam voor een bedacht ding? Een eigenaardigheidje, zou ik zeggen. Maar *charm, a charm*? Is dat niet een amulet, of zoiets?'

'*Un charmeur* is een tovenaar.'

'Ben jij een charmeur?'

'Nauwelijks,' zegt Hugo en ik zie voor het eerst dat hij zich ook in verlegenheid gebracht kan voelen. Er trilt iets in zijn onderlip. Hij kijkt me heel rustig aan en glimlacht. En dan zegt hij, binnensmonds, maar ik versta het, dat hij zich nu eerder het slachtoffer voelt van een betovering.

Ik weet op dat moment dat we elkaar zullen gaan beminnen. En hij begint het te vermoeden.

Het is al laat als we besluiten nog een keer het strand op te lopen, om naar de ondergaande zon te kunnen kijken. De cognac heeft mijn bloed verhit en de kou deert me niet langer. We moeten een eind door de duinen en dan een heuvel af. Ik ben uitgelaten en ook nogal bang. Voor wat er komen gaat, voor de naaktheid en de liefde.

Misschien loop ik daarom niet, maar ren de heuvel af en ren ook nog verder op het strand, in de richting van de rode gloed op het water. Ik voel me jonger dan ik ben en erg driest. Ik heb ook wel zin om hard te schreeuwen en mij in het zand te wentelen, maar dat doe ik allemaal niet. Pas als ik buiten adem ben en stilsta, hoor ik zijn voetstappen achter me. Ik draai me om. Hij rent als een atleet, ik zie het. Ik buig door mijn knieën, sla een paar keer met mijn handen op mijn dijen en spreid dan mijn armen wijd uiteen. Kom maar in mijn huisje.

Daar trapt hij niet in. Hij stopt met rennen, loopt op mij toe en slaat zijn armen om mijn benen, drukt ze in mijn knieholten en tilt me hoog in de lucht. Ik moet zijn hoofd wel grijpen.

'Je bent een licht ding,' zegt hij.

Dicht tegen zijn lichaam aangedrukt glij ik omlaag, tot onze gezichten op gelijke hoogte zijn. Ik sla mijn benen om zijn heupen. Ik voel dat hij mij ook wil. Ik ga hem zoenen. Ik tuit mijn lippen en kom dichterbij. Hij maakt geen enkele beweging met zijn mond en ik ken het nu wel en druk mijn lachende lippen tegen de zijne, adem hem in. Zijn lippen zijn onverwacht zacht. Ik word erg kalm en leg mijn wang tegen zijn wang.

'Lune?'

'Ja.'

'Ik geloof dat ik een beetje maanziek word,' zegt hij.

'Joepie!' zeg ik.

We hebben nog wat naar die zon staan kijken, tot hij iets vreselijks zei en ik meteen naar huis wou. Hij zei dat ook de zon aan het vervallen was.

'De zon dooft langzamerhand uit,' zei hij en dat we dan op zouden houden te bestaan. Ik vroeg hem waarom hij net nu, nu ik meer dan ooit naar de eeuwigheid verlangde, zoiets verdrietigs moest vertellen. Ik zei dat ik onmiddellijk geen zin meer had om ook nog maar één stap te zetten, iets te ondernemen, plannen te maken. En hoe hij verder kon leven met deze kennis.

'Maar het duurt nog zeker vijf miljard jaar,' zei hij verbaasd.

'Dat kan mij nou werkelijk niets schelen. Het doet er niks aan af. Een eeuwigheid is een eeuwigheid en daar hoort geen einde aan te komen. Nooit.'

Hij was geschrokken, ik was treurig. Hij draaide mijn gezicht naar hem toe.

'Daarom huil je toch niet,' zei hij, 'het gaat toch om iets anders.'

Het zal wel.

Op de terugweg zwijgen we. In Amsterdam wijs ik hem de weg naar mijn huis. Het is vanzelfsprekend. We hoeven het er niet over te hebben. Pas als we over de drempel van mijn kamer stappen en ik hem daar zie staan, zo'n grote man in mijn kleine kamer, die volgestouwd is met boeken, waar overal papier ligt, stapels papier, waar eigenlijk geen man binnen kan komen zonder een verhouding te schenden, de verhouding met die kamer en die boeken, met de relikwieën van mijn afzondering, dan pas heb ik opeens zin om heel veel te gaan praten, om te beginnen met praten en voorlopig niet op te houden.

Hij ziet mijn ontreddering. Hij tilt me op en draagt me naar het bed in de hoek van de kamer. Hij legt me neer en gaat rechtop naast me zitten. Hij streelt mijn gezicht, mijn voorhoofd. Er komt iets onzinnigs in mij op, ik weet niet waarom, maar ik moet het gaan zeggen.

'Hugo?' vraag ik met gesloten ogen.

'Ja.'

'Ik ga iets vreemds zeggen. Mag dat? Ik wil je iets vragen. Ik wil je vragen of je mij wilt inwijden in de liefde, of je mijn leermeester wilt zijn. Het is absoluut gelogen, maar ik wil nu tegen je zeggen dat ik nog een maagd ben en van de liefde geen weet heb. Het is niet eens waar. Ik heb heus alles gedaan wat God onder de zon verboden heeft, maar vandaag voel ik mij alsof ik nog maagd ben en nog nooit eerder met een man naar bed ben geweest. Kun je me leren te beminnen?'

Ik doe mijn ogen open. Hij heeft een zachte blik. Hij kijkt ernstig.

'Goed,' zegt hij.

'Je hoeft niet over de liefde te praten,' zeg ik, 'maar je moet me alles vertellen over jouw lichaam, me verklappen wat het geheim ervan is. Ik wil het leren kennen.'

De volgende ochtend heb ik al een tijd naar zijn gezicht liggen staren voordat hij wakker wordt. Ik kan mijn ogen niet van hem afhouden, ook al wil ik het, want ik doe mijzelf te veel denken aan een tweederangs actrice in een B-film, maar het is nu eenmaal zo, ik moet kijken.

Hij ontwaakt zoals hij loopt en kijkt en zoals hij me vannacht onderwezen heeft, bedaard, vloeiend, alsof er geen gapende afgrond bestaat tussen droom en werkelijkheid.

'Lune,' zegt hij loom en slaat een arm om mij heen.

'Meester,' zeg ik.

'Hoe voel je je?' vraagt hij.

'Rijp,' zeg ik.

We ontbijten. We zitten aan de tafel, tussen de wanden met boeken. Tegen een van de boekenplanken prijkt een afbeelding van Mijnheer Foucault. Ik heb de foto uit een tijdschrift geknipt. Hij zit achter een tafel, waarop een eenvoudige typemachine staat. Op de achtergrond zie je de wanden van zijn huis, vol met boeken. Hij zit op een houten stoel en leunt met zijn onderarmen op de rand van de tafel. Hij is helemaal kaal en draagt een bril met een metalen montuur en rechthoekige glazen. Hij kijkt naar de kijker. Ik kijk iedere dag naar hem. Vandaag vind ik dat Hugo en hij een beetje op elkaar lijken, zonder nu direct te zien waar die overeenkomst in schuilt.

'Hou je je nog bezig met Foucault?' vraagt Hugo als hij de foto ziet.

'Hem begeer ik ook,' zeg ik lachend. 'Jij hebt hier je eigen concurrent binnen gebracht.'

'Daar was ik al bang voor,' zegt hij.

Hugo vraagt me waarom ik filosofie studeer. Ik treuzel met het antwoord. Ik aarzel of ik zal zeggen: 'Om mij in het sterven te oefenen,' of: 'Omdat ik naar een persoonlijk lot verlang.' Beide antwoorden zijn even mooi. Ze zijn ook allebei niet van mijzelf. Eigenlijk zijn ze te mooi om waar te zijn.

'Om te leren leven,' zeg ik uiteindelijk, zonder te weten dat iemand anders dat ook weleens zo heeft gezegd. Daar kom ik pas later achter.

'Kun je dat dan niet?'

'Wat?'

'Leven.'

'Nee,' zeg ik, 'ik ben er niet goed genoeg in.'

Hij vraagt me of ik het dan van zo iemand als Foucault kan leren.

'Van Foucault, ja, en van jou.'

Van wie anders?

Tot op de ochtend van de begrafenis gaan we maar één keer het huis uit, om etenswaren te kopen. Daarna blijven we binnen. De kachel staat hoog. Het is er lekker broeierig.

Hij kan urenlang roerloos in bed liggen, slapen, staren, lezen. Ik ben rustelozer, sta regelmatig op, ga zo achter mijn tafel zitten dat ik naar hem kan kijken en probeer wat te studeren.

Soms roept hij me.

'Lune, kom even bij me liggen, ik moet je nog iets leren.'

Ik heb het hem wel gevraagd, of hij al eerder overspelig was. Hij zei van niet. Wat Sybille hiervan zou zeggen, heb ik gevraagd.

'Ze zal al mijn botten breken,' zei hij.

'Ga je het haar vertellen?' vraag ik.

'Ja,' zegt hij.

Ik voel wel schaamte, maar het duurt nooit lang. Ik zeg hem dat het aan hem ligt, aan zijn onverstoorbaarheid en ook aan de duisternis van zijn gezicht, dat zo hermetisch is dat je er maar moeilijk iets aan af kunt lezen.

'Alles wat ik van jou begrijp,' zeg ik tegen hem, 'zit in jouw lichaam. Niet eens in de vorm ervan, maar in het tempo van jouw lichaam, in de duur van je bewegingen, in de stilte tussen de opeenvolgende gebaren.' Ik zeg hem dat me dat het meest in hem aantrekt, zijn tempo.

'Je bent zo aards,' zeg ik, 'zo lineair. Wat zoek je daarboven toch bij die sterren?'

Hij zegt dat hij jaloers op mij is.

'Jij hebt overal woorden voor,' zegt hij. 'Miel zei altijd dat je de constellatie van een schrijver hebt, maar dat je er zelf niet aan wou gaan staan.'

Het doet pijn dat te horen. Hugo ziet het. Hij begint me te strelen, langzaam, toegewijd. Ik heb zin om te huilen. Ik geniet van het zware gevoel en van de moeite die het me kost om nu te spreken, maar ik spreek. Ik vertel hem van het verzet, van het zoeken en wachten, dat ik nog niet wil, kan, dat het is alsof ik eerst alles moet weten, alles moet leren kennen en vooral veel af moet leren, uitproberen, de mogelijkheden. Dat je zoveel kunt zijn, er zoveel mogelijk is. Dat ik nooit zou willen schrijven uit een tekort aan mogelijkheden, maar juist andersom, omdat ik koos uit een overvloed. Ik weet het niet. Ik kan het ook niet helemaal vatten. Het is eigenlijk te gek om los te lopen.

Ik probeer zo lang mogelijk door te praten, tegen de overmacht van het lichaam in. Hugo leunt op zijn elleboog. Hij streelt me en hij kijkt naar me. Hij luistert. Ik kijk ook naar hem, terwijl ik praat, huil. Het is een strijd. Ik moet mijn adem boven zien te houden, bij mijn hoofd, bij mijn stem.

'Daarom moet ik leren,' zeg ik. 'Ik mag me niet vergissen, eigenlijk gaat alles daarover, dit ook, dit met jou ook. Ik kan het niet goed uitleggen. Het is heel dichtbij, het antwoord, maar toch ontglipt het me steeds. Het komt wel, of niet?'

Daarna eist mijn buik al mijn adem.

'Zullen we even alle mogelijke rampen doornemen en samen verdrietig doen?' vraag ik hem tijdens de laatste nacht.

'Het kan alleen maar een incident zijn, Lune. Het is niet anders.'

Ik hou me groot. Je kunt niet aan het janken blijven, dat verveelt. Maar incidenten verdraag ik niet, als het erop aankomt. Wat is een incident? Iets eenmaligs, iets onbenulligs, een voorval zonder betekenis, zonder waarde.

'Is het dat dan,' vraag ik met woede, 'een onbetekenend voorval?'

'Je weet zelf dat je nu onzin uitkraamt,' antwoordt Hugo even rustig als anders, 'dat ik dat niet wil zeggen.'

'Weet je wat onzin is, Hugo? Een incident, dat is pas onzin.'

'Ongelukkige woordkeus,' zegt hij. 'Je moet me niet op woorden pakken. Zeg me liever wat je wilt. Kom maar, zeg het maar. Waar droomt Lune van?'

We lachen weer. Ik voel me een getemde feeks.

'Weet je waar ik van droom? Van de herhaling. Van een eindeloze reeks incidenten.'

De volgende ochtend is het voor het eerst dat Hugo eerder dan ik ontwaakt. Hij roept me. Ik hoor hem in de verte. Hij zegt dat ik wakker moet worden, dat we naar het Oosten moeten, de begrafenis.

Het is een stem aan gene zijde, maar ik weet niet wat ik moet doen om ook daar te geraken, aan de overkant, bij hem. Ik ben vergeten hoe ik mijn oogleden van elkaar moet doen, hoe ik met mijn hersens het signaal door moet geven. Daar zit de onmacht, in de verbinding tussen mijn verstand en mijn gezicht.

Ik voel hoe hij me optilt, mijn slappe lichaam op zijn schoot trekt en mij wiegt.

'Je leek wel dood,' zegt hij later.

Het rekenen gaat me slecht af vandaag. Ik kom onmogelijk op de drieëndertig uit en geef het tellen op als we het kerkhof betreden. De tijd heeft zich verdicht tot een eeuwigheid in een dag, hij is met mij aan de haal gegaan en moet nu weer terug in het gelid van de data.

Het is 30 januari 1984. Hugo keert met de trein van 16.45 uur terug naar Parijs, arriveert om 21.45 uur op Gare du Nord en wordt daar opgewacht door Sybille. Vlak voor ons vertrek naar Hengelo heeft hij haar gebeld. Ze was razend en ongerust. Ze had verschillende keren tevergeefs naar het hotel gebeld.

'Je te dirai,' zegt Hugo, 'straks.'

Later, achteraf wordt alles begrijpelijk.

Het is verschrikkelijk om iemand te moeten begraven.

Mevrouw Van Eysden staat al aan de rand van het gat in de aarde. De kist rust op een houten stellage, boven het gat. Ze kijkt niet naar de kist, maar naar het gat, daaronder. Er wordt gewacht tot iedereen zich rondom het graf verzameld heeft. De begrafenisondernemer geeft een teken aan de priester wanneer het zo ver is en de priester leest de gebeden voor uit een boek. Daarna knikt de begrafenisondernemer naar mevrouw Van Eysden, ten teken dat het voorbij is.

Zij schudt haar hoofd. Zij wijst naar de kist. De begrafenisondernemer kijkt haar vragend aan, want hij begrijpt niet wat ze wil zeggen.

Ik wel. Hugo ook. Hugo slaat een arm om mij heen.

We zien mevrouw Van Eysden op de verbaasde man afstappen en we horen hoe ze tegen hem zegt, rustig en met een heldere stem:

'U moet de kist nu in de aarde laten zakken, in mijn bijzijn.'

Het is uit de tijd om de kist ten overstaan van iedereen in de aarde te laten zakken. De begrafenisondernemer wil haar op fluisterende toon iets aan het verstand brengen, over het gewijzigde ritueel.

'Het is mijn enige zoon en ik wil dat u de kist nu in de aarde begraaft,' zegt ze.

Ze keert zich om. Ze beschouwt de zaak als afgedaan en gaat weer op haar plaats aan de rand van het graf staan. Het is alsof ze heel diep ergens over nadenkt. Er ligt een uitdrukking van concentratie op haar gezicht.

De mannen die de baar naar het kerkhof droegen komen dichterbij en verzoeken de mensen rondom de kist iets opzij te gaan. Daar zijn wij ook bij, Hugo en ik. Ik weet dat hij ook vindt dat we het allemaal mee aan moeten zien en tot het einde toe moeten blijven kijken.

De dragers nemen de uiteinden van de banden op, die onder de kist doorgespannen zijn. Ze leggen de band op hun schouders. De begrafenisondernemer haalt de bloemen en het doek van de kist en roept de assistentie in van een andere man, om de houten stellage weg te kunnen halen. Dan heeft mevrouw Van Eysden zich al voorovergebukt en ze sjort aan een van de planken.

Het begint weer te regenen.

Het enige geluid dat we horen is het kreunen van de moeder van de astroloog. Ze kreunt, omdat ze zich inspant.

Door aan de banden te trekken houden de dragers de kist in de hoogte. Als ze de banden laten vieren verdwijnt de kist langzaam in de aarde. Mevrouw Van Eysden kijkt op. Ze zoekt iets. Afzijdig van de groep staan twee mannen met spaden in hun handen. Ze ontdekt hen en stapt op hen af. Ze vraagt aan een van de mannen of ze de spade mag hebben. Die mannen weten ook niet wat hen overkomt en reiken haar bijna gelijktijdig hun spade aan. Met de spade in haar hand keert ze terug naar het graf en begint verwoed te scheppen in het verse zand.

VI

De kunstenaar

Hoe diep ik er ook over nadenk, ik kom er niet meer achter wat me op het spoor zette van Lucas Asbeek en er voor zorgde dat zijn naam zich in mijn hoofd nestelde en daar ook bleef, jarenlang.

Was het de roman van Anton Pasman, *De kunstenaar*, die aan hem opgedragen is? Was het een van zijn beelden, waar hij in de jaren zestig zo beroemd mee geworden was? Was het een interview in een van de Nederlandse kranten, dat ik uitscheurde, opborg en kwijtraakte, maar waaraan ik zo nu en dan terugdacht en waarvoor ik alle mappen nazocht, omdat ik zeker wist dat het ergens verborgen moest zijn?

De sluitsteen was in ieder geval de documentaire *Het verraad van de dingen*. Ze werd uitgezonden op zaterdag 23 maart 1985, zes dagen voordat ik mijn doctoraalexamen af zou leggen.

Opeens viel alles samen.

Of dit het begin is weet ik niet. Het zal oktober geweest

zijn, een herfstige dag met veel wind en regen. Toen was het 1982, zoveel is zeker, want ik had besloten te stoppen met het werken in het antiquariaat, op de vrijdagmiddagen.

Soms doen zich in het leven gebeurtenissen voor met een duidelijk begin en einde, met een opening en een afsluiting, afgeronde voorvallen, ze hebben de structuur van een verhaal.

Daar moest ik aan denken toen ik daar zat en wachtte tot het sluitingsuur zou aanbreken. Omdat de vriendschap tussen de astroloog en mij in de winkel begonnen was had ik hem gevraagd me rond zessen af te komen halen. We zouden samen het einde van de tijd in de Pijp vieren en ergens in de stad iets gaan eten.

Het had hem blij gestemd.

Ik zit daar voor het laatst en dan komt die man binnen.

Hij draagt een fletsgroene regenjas en heeft een versleten leren schooltas in zijn hand. Zijn dikke grijze haar is nat van de regen. Hij heeft lichtblauwe ogen.

Er gebeurt iets met me als ik hem zie, iets heftigs en ongehoords, het legt me lam van angst en verlangen tegelijk. Het is abnormaal.

Hij heeft het gezicht in de meest volmaakte vorm.

Ik heb hem gezocht.

Het antiquariaat is klein, een woonkamer met boeken min of meer. Er is nauwelijks ruimte om te lopen. Hoe benauwd eng het hier is, hoe dicht je elkaar op de huid zit, dringt pas tot me door als hij binnen is.

De kachel brandt.

Hij groet me met een korte hoofdknik en een blik die daarvoor te lang duurt. Het heeft iets gemengds, het is een flits van een gevecht tussen geslotenheid en openheid.

Ik blijf zitten en durf me nauwelijks te bewegen.

Hij kijkt rond, neemt een boek uit de kast met vertaalde romans, bladert er wat in en neemt plaats op de kruk naast de kachel. Die kruk staat er altijd. Ik heb het nog nooit meegemaakt dat er iemand op ging zitten. Hij heeft nergens last van. Hij leest. Hij zit daar heel ontspannen.

Ik weet niet hoe ik lucht moet krijgen en stik van de spanning. De ruimte is te klein voor ons tweeën en ik vrees dat er iets gaat gebeuren, iets onvermijdelijks.

Maar er gebeurt niks.

Na een poos staat hij op en loopt op mijn tafel toe. Hij legt het boek waarin hij heeft zitten lezen voor mij neer. Hij wil het kopen. Ik kijk achterin hoeveel het kost. Het is alsof ik blind ben, mijn ogen willen niet vooruit en blijven kleven aan het eerste getal. Ik kan niet meer lezen. Volgens mij duurt het allemaal lang en gedraag ik me vreemd.

Ik dreun het getal op en hij geeft me geld. Daar moet ik van teruggeven, maar ik herinner me niet een rekensom gemaakt te hebben. Volgens mij heb ik zomaar een geldbedrag op tafel neergelegd, op de gok.

Als hij de deur achter zich dichttrekt zit ik verslagen op mijn stoel, opgelucht en verlaten. Het is nog te vroeg, bedenk ik, om hem te ontmoeten. Ik ben er nog niet klaar voor.

Ik ben opeens doodmoe.

's Avonds vertelde ik het aan de astroloog, maar hij kon me niet meer zeggen dan dat mijn Maan me op die dag erg ontvankelijk maakte. Daar had ik niks aan.

Ik wou weten wie die man was.

Ik zei tegen de astroloog dat ik hem zeker weer zou ontmoeten.

'Wat moet moet,' zei hij.

De theepot en het glasraam behoorden tot de vaste collectie van een museum in het midden van het land. Van beeldhouwkunst had ik niet veel verstand en als je er weinig verstand van hebt zie je minder in de kunst.

Met het werk van Lucas Asbeek was het anders.

Ik zag het en begreep het op een manier zoals ik tot dan toe alleen gedichten begrepen had, intuïtief, totaal en bijna altijd zonder aan een ander uit te kunnen leggen wat er nu zo aangrijpend aan was.

Met de theepot had ik het ook. Het kwam denk ik door de woorden en het handschrift. Lucas Asbeek beschreef de dingen.

De theepot stond op een sokkel, waarover een handdoek met een blauw-wit ruitjesmotief gelegd was. Vanuit de verte leek het een gewone theepot, zo'n dikbuikig model, heel aandoenlijk en in zijn eentje in staat om het beeld van een compleet familietafereel op te roepen.

Pas als je dichterbij kwam kon je zien hoe Asbeek de onschuldige theepot had weten om te toveren tot een soort martelinstrument. Het uiteinde van de schenktuit was van een gapend gul mondje veranderd in twee verbitterde, opeengeklemde lippen en de deksel was met dikke klodders lijm aan de pot vastgehecht. De enige opening waardoor iets van de inhoud naar buiten kon, was een minuscule, omgekeerde schenktuit die zich precies boven het handvat bevond. Wat op het eerste oog een lieflijk roze streepjesmotief leek, bleek van dichtbij de steeds weer herhaalde zin: 'Wees maar niet bang liefste, als het er in zit komt het er ook wel uit.'

Ik vond het pijnlijk mooi.

Het glasraam stond in een van de hallen van het museum. Het was een groot, rechtopstaand raamkozijn. De twee ruiten waren zo bewerkt dat het leek alsof ze permanent beslagen waren en iemand zonet, met de top van zijn vinger, in de condens geschreven had. Door de rechterruit achter de linker te schuiven, gingen de twee teksten op de ramen in elkaar over en vormden samen de ontkenning van wat ze afzonderlijk beweerden.

Ik vergat altijd wat er precies geschreven stond.

Als ik zo nu en dan het museum bezocht nam ik me steeds voor de teksten over te schrijven, maar als ik er eenmaal was, werd ik weer betoverd door het handschrift van Asbeek en vond dan dat het geen zin had alleen de teksten mee naar huis te nemen.

Het waren niet alleen de dingen van Lucas Asbeek die mij aan het lezen van gedichten herinnerde, Lucas Asbeek zelf had ook een ander effect op mij dan andere kunstenaars. Geen beeld, schilderij, foto, film of compositie had bij mij ooit het verlangen wakker gemaakt naar de maker ervan, terwijl ieder goed boek, behalve bewondering ook die onmogelijke, irreële begeerte naar de schrijver ervan bij me opwekte. Achter de theepot en het glasraam verschool zich volgens mij een dichter en het was de dichter die ik ooit, ergens zou ontmoeten.

Het interview is onvindbaar. Ik weet niet meer in welke krant het stond, wie de journalist was en wanneer het verschenen is. Het maakte indruk op me en ik kan niet eens meer zeggen waarom. Vaag herinner ik me de strekking van het interview en dan nog vooral door de vreemde foto van Asbeek, die erbij afgedrukt stond.

Van hem was niet meer te zien dan zijn achterhoofd, zijn nek, schouders en een gedeelte van zijn rug. Hij droeg een herenhoed en keek omhoog, naar de lucht. Zo te zien was het een heel grote man.

In het interview zegt hij niet gefotografeerd te willen worden, omdat de persoon van de kunstenaar niks met het werk heeft uit te staan. Een goed kunstwerk is een kunstwerk dat de waarheid raakt en de waarheid kun je nooit op het conto van een persoon zetten, daar hangt geen naamkaartje aan. Volgens Lucas Asbeek zou alle kunst net zo anoniem als de waarheid moeten zijn.

Ik heb nog gezocht naar aanwijzingen over zijn liefdesleven, naar de namen van vrouwen, kinderen, vriendinnen, maar ik vond ze niet. Het ging over zwerven, zoeken, kunst en zware dingen.

De roman van Anton Pasman gaat daar ook over. De roman heet *De kunstenaar* en gaat over een vriendschap tussen een schilder (Simon) en een schrijver (Philip). De schilder denkt te veel na over het schilderen en daardoor kan hij het niet meer en de schrijver denkt ook heel veel na over het schrijven, maar schrijft daar dan tenminste nog een boek over.

De kunstenaar is opgedragen aan Lucas Asbeek en ik weet ook wel dat je een personage nooit volledig moet laten samenvallen met een bestaand persoon, net zo min als je de verteller mag vereenzelvigen met de schrijver, maar ik las de roman alsof hij over het leven van Lucas Asbeek ging en Anton Pasman nauwelijks iets verzonnen had.

Wat zeker verzonnen moest zijn was de dood van Simon. Pasman laat hem op de ochtend van zijn zevenenvijftigste verjaardag zelfmoord plegen. Philip, de schrijver, treft hem levenloos bungelend tussen hemel en aarde aan op zijn zolderetage in de Pijp. Aan zijn teen hangt een kaartje. Simon heeft erop geschreven: 'Ik heb dan toch de waarheid ontdekt. Ik ben die ik ben. Daar valt eerlijk gezegd niet mee te leven.'

Het was de dood van Simon in *De kunstenaar*, die me op het idee voor mijn doctoraalscriptie bracht.

Het was te laat om zo vlak voor de eindstreep nog een andere filosofie aan te gaan hangen, maar eigenlijk was het woord Tekst me zo langzamerhand danig gaan vervelen. Het was te weinig, er was meer, maar het was een voorgeschreven denken waaraan ik me niet had kunnen onttrekken. Ik zag er tegenop mij te scharen in de groeiende rij studenten, die de ene na de andere scriptie produceerden over het claustrum van de tekst, de dood van de auteur en de schriftuurlijkheid van het leven.

Origineel was het al lang niet meer en ik had wel graag bijtijds iets anders willen denken, maar ik had het niet gedacht. Samen met de anderen was ik Sartre als onleesbaar gaan beschouwen en door Mijnheer Derrida gefascineerd. De vraag waarom we allemaal van dezelfde ideeën bezeten waren hield me nog het meest bezig, maar ik had geen tijd meer haar te beantwoorden. Ik had opeens haast. Ik wou van school af. Het werd tijd om naar buiten te gaan.

Als ik er nu niet klaar voor was zou ik het wel nooit zijn.

Aan Guido de Waeterlinck moest ik mijn plannen voor de doctoraalscriptie vertellen en zo kwam ik voor het eerst te spreken over die al jaren woekerende obsessie, de passie voor een onbekende, die ik alleen via wat beelden, de krant en een roman kende. Daar moest het op de een of andere manier over gaan, zei ik tegen Guido.

Hij sprak toen over de afzonderende macht van de verering, over de bemiddeling, driehoeksrelaties en dat aanbidding een oprechte behoefte is van de religieuze mens. En hij zei iets over idolen en sterren. Ze zouden de functie overgenomen hebben van de priesters en de heiligen; we konden tegenwoordig alleen nog contact onderhouden met het heilige via de idolen, omdat we hen een band met het goddelijke toeschreven.

'Ge ziet,' zei Guido, 'uw verlangen naar deze Lucas Asbeek is weer eens een verkapte vorm van uw verlangen u met het heilige uiteen te zetten.'

De lieverd.

De enige ander met wie ik ooit over Lucas Asbeek sprak was Daniël Daalmeyer. Het kwam omdat Daniël me iets vertelde over de kunstverzameling van zijn vader. In de meeste kunstwerken zag hij niks, maar De Engel van Lucas Asbeek zou hij wel graag boven zijn bed hebben willen hangen. Het was een wollige, barokke, goudkleurige cherubijn. In plaats van de gebruikelijke neerwaartse en meedogende blik op het aardse gekrioel te werpen, keek deze cherubijn smekend naar boven. Op het omhooggehouden sjerp stond: 'Openbaar u nu toch eens.'

Ik schrok van het horen van zijn naam en aarzelde of ik mijzelf en deze idiote bezetenheid prijs zou geven, maar het was onbedwingbaar en voordat ik het wist had ik het al aan Daniël gevraagd. Of hij Lucas Asbeek persoonlijk kende.

Daniël gaf zelden een antwoord zonder eerst een wedervraag te stellen en om een antwoord te kunnen krijgen moest ik hem vertellen van de theepot en het glasraam, van de krant en de roman. Ik probeerde me te beheersen en niet te klinken als een dweper, maar Daniël heeft een scherp oog en had al snel de smalende blik, waarmee hij me zo vaak bezag.

Lucas Asbeek was, zoals zoveel kunstenaars, een patiënt van zijn vader geweest en had, eveneens zoals zoveel dankbare kunstenaars-patiënten, hem een van zijn kunstwerken geschonken. Hij kende Lucas Asbeek niet persoonlijk en was helaas niet in de positie voor mij als tussenpersoon op te kunnen treden.

'Het wordt tijd dat ik ook eens beroemd wordt,' had Daniël er aan toegevoegd. 'Roem erotiseert en er is niets wat de reddingsfantasieën van vrouwen meer aanwakkert dan een sombere kunstenaar.'

Ik wou zielsgraag geloven in de interpretatie van Guido de Waeterlinck, maar ik vertrouwde meer op die van Daniël. Ze was naarder en dus waarder.

Dit is een rare trek.

Ik heb het voor het eerst gemerkt met spiegelbeelden.

De spiegel waarin ik mij papperig, opgeblazen, verlept, grauw, uitgezakt en lelijk terugvind, verraadt in één klap het flatteuze bedrog van alle daaraan voorafgegane spiegelbeelden en ik zal van het meest afstotende spiegelbeeld vinden, dat het de meest waarheidsgetrouwe weergave van mijzelf onthult.

Kunst en leven, schijn en werkelijkheid, leugen en waarheid, om die eeuwenoude koppels gaat het in *De kunstenaar*. Door de dialogen tussen de schrijver en de schilder en de zinnen, waarmee Simon afscheid van het leven nam, kwam ik weer terecht bij een ander koppel, bij Plato en Socrates, de schrijver en het personage.

Sinds lange tijd las ik weer de *Apologie van Socrates* en toen meende ik opeens te begrijpen waar het om draait in het leven.

Schrijven begint met het stoppen van iedere andere beweging, stil zitten, binnen blijven. Ik ging zitten en schreef, dagen achtereen, wekenlang. Over Socrates en Plato schreef ik, over Maria en de Drieëenheid, over Anton Pasman en Lucas Asbeek, over het lot van de schrijver en dat van het personage, over de eigenaardige betekenis van de eigennaam, over de angst om iets te publiceren, tentoon te stellen of op een andere manier, via een ding, de grens tussen het persoonlijke en publieke te overschrijden.

Ik haalde alles overhoop en sloeg tijdens het schrijven nauwelijks een boek open.

Ik wist niet eens meer waar ik het allemaal vandaan had.

Op een nacht was het af en ik had geen idee of het goed

of slecht, literatuur of filosofie, waar of verzonnen was.

In een opwelling draaide ik diezelfde nacht nog het nummer van Guido de Waeterlinck. Hij nam op met een slaperige stem.

'Het is af,' zei ik en huilde daarna minutenlang. Het kostte me moeite om te stoppen.

'Ik weet nu wat schrijven is,' zei ik tegen Guido.

'En is het dat wat ge wilt?'

'Als het echt moet, dan zal het nog het enige zijn wat ik ooit wil.'

Hij snapte dat.

'Ga nu maar eerst slapen, suske.'

De volgende dag las hij mijn verhaal. Ik zat erbij en keek toe hoe hij las. Na enkele bladzijden merkte ik dat hij mijn aanwezigheid zo goed als vergeten was. Ik was op-eens gelukkig.

Zo zaten we daar, samen. Het was een heilig uur, want we namen op dat moment afscheid van elkaar en wisten het. Hij wist het terwijl hij las en ik wist het toen ik hem zag lezen wat ik geschreven had.

Zo nu en dan glimlachte hij en dan wist ik waarom.

Een uur later slaat hij de laatste bladzijde om. Hij kijkt op, kijkt naar mij en zegt: 'Marie Deniet.'

'Present,' zeg ik.

'Welkom in de wereld van het boek,' zegt Guido wat droevig en ik ben nu ook een beetje verdrietig, maar het hoort zo en het is aangenaam.

'Misschien wordt het nu toch tijd eens op te houden met uw verbeten pogingen om te ontkomen aan wat u bent,' zegt Guido zacht. 'Wat ge hier geschreven hebt is toch een apologie voor het schrijverschap. Wat zoekt ge nu dan nog om de keuze voor het schrijven te moeten rechtvaardigen?'

'Dat wat ik nog niet ken,' antwoord ik, 'de liefde.'

Niet het opdoen van kennis is de grootste drijfveer achter het besluit om op je achttiende door te gaan leren in plaats van te gaan werken, het is het verkrijgen van uitstel en de daarmee gepaard gaande vrijheid van de twijfel. Wat je uitstelt zijn de keuzes waarmee mensen tegemoet komen aan hun verlangen zich te binden en onvrij te zijn.

Voor het eerst was ik zelf niet langer iemand die leefde in de vrijheid van de opschorting, een vrijheid die mij tot nu toe iemand had gemaakt die nog niemand was, maar steeds bezig iemand te worden. Het uitstel was afgelopen. Ik was niemand meer. Het enige wat ik nog in het vooruitzicht had was de rituele afsluiting van het uitstel zelf.

De datum voor het doctoraalexamen was vastgesteld op 29 maart. Tussen het moment waarop Guido mijn scriptie las en de dag van het examen zelf lagen drie weken. De leegte had ook niet langer nodig om mij in bezit te nemen. De tijd holde me uit en legde me lam. Ik was een afwezige, onwerkelijk en zonder enige betekenis.

Na eerst wat doelloos door de stad gezworven te hebben, sloot ik op een dag de deur van mijn kamer af, schoof de gordijnen dicht, trok de stekker van telefoon en bel uit het stopcontact en liet de post in het gangpad liggen. Ik kroop in bed en had net zo goed dood kunnen zijn.

Het gebeurde en ik had geen verweer.

Ik wist wat het was, het was de val. Het vallen was slinks begonnen en ik wist niet hoe ik het moest stuiten.

Een aantal dagen voordat het examen plaats zou vinden stond ik op. Het was een zaterdagochtend. Ik had weinig gegeten en gedronken en was duizelig. Ik waste en kleedde me, sloot de telefoon en bel weer aan en zocht in de keuken naar een boodschappentas.

Het geluid van de telefoon maakte me aan het schrikken. Voordat ik opnam schraapte ik een paar keer mijn keel en oefende hardop in het hallo-zeggen. Het was mijn bezorgde moeder. Ze vroeg waar ik was geweest, ze had zo vaak gebeld.

'Even weg,' zei ik, 'een stille week, dat had ik nodig.'

Ik probeerde opgewekt te klinken, maar het praten kostte me moeite. Zij vertelde wie er allemaal naar Amsterdam zouden komen om mijn feest luister bij te zetten. Ze vroeg of ik ook aan de Pasen gedacht had, een week na het feest.

Had ik niet.

'Jazeker kom ik dan,' zei ik.

Na het opleggen van de hoorn voelde ik weer eens iets, dankbaarheid, redding. Mijn moeder had de tijd een naam gegeven en van mij iemand gemaakt die ik tenminste altijd geweest was en altijd zou blijven, een dochter, een zuster. Daar hoefde ik niets voor te doen. Dat was ik, zonder meer.

Ik aarzelde of ik haar terug zou bellen om iets onge-

woon aardigs tegen haar te zeggen, iets lekker sentimen-
teels. Ik deed het niet. Ze zou zich zorgen gaan maken. Zo
sentimenteel zijn wij niet van huis uit.

Ik had honger.

De benedenbuurvrouw had de post in een keurig sta-
peltje op de onderste tree van de trap neergelegd. Ik liet
het onaangeroerd. Het was mijn meest nabije toekomst,
iets om dadelijk voor naar huis terug te kunnen keren.

Buiten deed het zonlicht pijn aan mijn ogen. Door de
zachte bries gingen ze tranen. Het kon mij niet schelen.
Ik had mijn ogen toch niet opgemaakt.

Ik kocht vers brood, boter, kaas en, bij wijze van uit-
zondering, een krant. Daarna vond ik dat ik lang genoeg
buiten was geweest en ik maakte rechtsomkeert. Het eerste uitstapje had me dodelijk vermoeid en ik begon te be-
seffen hoe sterk de macht van de leegte is.

Op de televisiepagina stond het bij de voorkeuren. *Het
verraad van de dingen* werd omschreven als een intrigerende
documentaire over twee kunstenaars, die ooit in korte
tijd veel roem verworven hadden en van wie naderhand
weinig meer vernomen werd. De ene kunstenaar was de
dichteres Nel Vat en de andere was de beeldhouwer Lucas
Asbeek.

Ik wist niet hoe ik de rest van de dag door moest komen.

Het eerste beeld was dat van een zeer mooie vrouw op
leeftijd. Ze zat kaarsrecht achter een antiek bureau, in
een kamer vol snuisterijen. Aan de wanden hingen olie-
verfschilderijen van stillevens. Boven haar hoofd hing

een portret van haar zelf. Ze schreef. Ze droeg een bril waar een zilverkleurige ketting aan vastzat. Je hoorde een pendule tikken.

Het volgende beeld was het beeld van de rug van Lucas Asbeek. Die kende ik al. Hij zat in het gras, aan de oever van een rivier. Hij staarde over het water en bewoog niet.

De camera zoemde in en draaide een kwartslag, zodat het profiel van Asbeek in beeld kwam.

Het was het gezicht in de meest volmaakte vorm, het gezicht dat hoorde bij de man die ik jaren daarvoor in het antiquariaat in de Pijp gezien had, de man met de licht-blauwe ogen, waarvan ik op onverklaarbare wijze zo overstuur geraakt was.

Het kwam me opeens als natuurlijk voor, dit onwaar-schijnlijk samenvallen van gebeurtenissen.

Nel Vat praatte honderd uit, boeiend, geestig en in zorg-vuldige bewoordingen. Ze was bang geworden van de mensen, vertelde ze.

'Luc Asbeek hield echt niet van de roem, geloof ik, maar ik vond al die aandacht heerlijk. Ik heb er intens van ge-noten. De mensen waren helemaal verrukt van mijn ge-dichten en ik was ze er zeer erkentelijk voor, dat ze er zo op gesteld waren. Nu houden de mensen niet meer van de gedichten en ze zijn ook niet langer dol op mij. De te-lefoon gaat soms de hele week niet over. Ik vind het on-begrijpelijk, maar ik moet schrijven, er zit voor mij niets anders op.

Het heeft er toch zo goed voor mij uitgezien. Begrijpt u nu waarom het leven dan zo een dramatische wending moet nemen?'

Zo levendig als zij sprak, zo verstild waren de beelden van Lucas Asbeek. Hij zei nauwelijks iets en wat hij zei was vaag en doortrokken van twijfel.

Je zag hoe hij wandelde, at, las of wat naar de lucht staarde. Hij was omgeven door een ondoordringbare eenzaamheid. Je vergat dat hij door een camera gevolgd en gezien werd, wat een tegenstrijdigheid tussen echtheid en pose opriep: Lucas Asbeek liet zien hoe ongezien hij leefde.

Na de uitzending was ik ontredderd en ik schaamde me.

Op de ochtend van 29 maart werd ik alleen wakker. Eerst had ik het helemaal niet in de gaten, maar na een uur of twee was ik zo zenuwachtig, dat ik me niet eens de titel van mijn scriptie herinnerde. Plato, Derrida? Nooit van gehoord. Het examen zou om twee uur in de middag plaatsvinden, openbaar, zoals ik nadrukkelijk gewild had. Nu vroeg ik me af waarom ik mijzelf dit soort dingen aandeed en ik zon op manieren om dit besluit alsnog ongedaan te maken, iedereen op te bellen, af te zeggen en gewoon, zoals iedere andere student, achter gesloten deuren, in de veilige aanwezigheid van Guido de Waeterlinck en zijn secondanten, mijn verhaal te verdedigen.

Eigenlijk wou ik zelfs dat niet meer. Ik was toch geen filosoof. Het enige waar ik bij terechtgekomen was tijdens het schrijven, was bij het schrijven zelf, bij zoiets eigenaardigs als de stijl. De stijl had de meeste moed gevergd, maar hinkend op de poot van de stijl alleen, zou ik niet meer dan een manke filosoof kunnen zijn, een exegeet, een slaafse hermeneut, journalist van de ideeënleer.

En dat wou ik niet.

Ik heb het altijd wel geweten.

Tegen enen waren ze er allemaal, mijn ouders en broers, Daniël, Clemens, Aäron, Ilda, Kat. Ik was de enige afwezige. Ik moest mijzelf voortdurend herinneren aan mijn eigen bestaan.

We liepen naar de Oudemanhuispoort. In de hoop op wat pathos probeerde ik heel hard te denken dat ik nu voor het laatst het universiteitsgebouw binnen zou gaan, een wereld ging verlaten, een fase af ging sluiten, maar het raakte me niet.

Rond het plantsoen verzamelde zich nog een groep mensen rondom een student. Ze liepen ongeveer tegelijk met ons de trap op naar de eerste verdieping en terwijl de gasten van deze jongen zich opstelden voor de deur van het examenlokaal aan de rechterkant van de gang, stroomden de mijne naar binnen en namen plaats op de klaargezette stoelen.

Guido kwam het lokaal binnen zoals ik hem al honderden keren de collegezaal binnen had zien komen. Hij liep op me toe en begroette me met een kus. Hij gaf mijn ouders en broers een hand. Hij was ook nerveus.

Daar werd ik rustiger van.

Iemand moest hier het hoofd koel houden.

'We zullen dan maar eens beginnen,' zei Guido en sloot de deur.

Een uur later stond ik buiten, bezongen, gelauwerd, doodkalm, onaangedaan en kletsnat. Aäron had een fles champagne geopend en het merendeel ervan was op mijn borst terechtgekomen.

Ik was moe en zielloos. De geluiden om me heen leken van ver te komen en drongen moeizaam tot me door.

In het gangpad stond een tafel met drank, waar de gasten van de andere afgestudeerde al om heen stonden geschaard. Het champagneglas was leeg en ik liep op de tafel toe om een glas wijn in te schenken.

Ik keek op en zag hem.

Hij stond wat afzijdig van de groep mensen en sloeg ze gade.

Zijn grijze haar was heel kort geknipt.

Verstard staarde ik naar hem en bleef zo staan, ik weet niet hoe lang. Zijn glas was leeg, hij draaide zijn hoofd naar de tafel. Hij zag me. Hij keek om zich heen om te zien of er iemand anders was die zo mijn blik vasthield. Dat was niet zo. Verbaasd keerde hij zijn gezicht weer naar mij toe. Ik keek hem aan, ik kon niet anders. Hij liep op me toe.

'Moet ik jou kennen?' vroeg hij.

'Nee,' zei ik, 'ik ken jou.'

Daarna zei ik: 'Ik zoek je al heel lang.'

Ik kon alles zeggen, zonder schaamte, ik kon ook alles hebben. Ik bevond me in niemandsland, een tussengebied waar geen wetten gelden en iedereen onschendbaar is. Van het verleden wilde ik niets bewaren of meenemen en er was nog geen begin gemaakt met een toekomst die ik angstvallig zou moeten beschermen. Ik had niets te verliezen.

'Hoezo?'

'Ik heb een geschiedenis met je, maar dat kan ik je nu niet allemaal vertellen.'

'Ben je hier student?'

'Nee. Niet meer.'

Ik zei hem dat ik zonet was afgestudeerd. Hij vertelde dat een jonge vriend van hem ook net was afgestudeerd, op iets heel moeilijks, zei hij, iets met Kant. Hij vroeg waar ik op afgestudeerd was.

'Op jou,' zei ik, 'op mensen als jij.'

Hij krabde met zijn vingers op zijn hoofd.

'Wat is dit?'

'De verleidingsscène,' antwoordde ik, 'eerste acte: het mysterie.'

Hij lachte en ik ook. Door de lach woelde zich in mijn buik iets los, onder de stenen vandaan, een plezier en een opwinding, waardoor ik opeens nog zenuwachtiger werd dan in de uren voor het examen. Het drong tot me door dat ik van school afging, klaar was, ook voor hem, voor het andere leven, het echte leven, met hem.

Aan zijn ogen zag ik dat hij in de war was, wantrouwig en nieuwsgierig tegelijk. Zijn oogleden waren iets gezwollen en roodomrand.

'Je hebt verdriet,' zei ik.

'Ik ben wanhopig,' zei hij meteen daarop. Hij wist niet of hij dit had moeten zeggen. Hij keek paniekerig.

'Ja, je bent wanhopig.'

'Kunnen we iets afspreken? Dan mag je me alles vertellen over mensen als ik.'

'Goed.'

'Wanneer dan?'

'Zaterdag.'

'Morgen?'

'Ja, morgen.'

'Nee,' zei hij, 'dan liever de daaropvolgende zaterdag.'
'Waar?'
'Arti?'
'Goed, ik ben er om negen uur.'

Met het glas in mijn hand liep ik terug naar mijn gasten. Ik was week in de benen en mijn handen trilden.

'Volgens mij komen de zenuwen er nu pas goed uit,' zei mijn moeder toen ik naast haar ging staan, 'je bent helemaal bleek en bibberig. Kende je die man?'

'Ja,' zei ik en zweeg.

'Wie was dat dan?' vroeg mijn oneindig onverschrokken moeder.

'Een personage,' zei ik.

'Nee, zeg eens serieus,' zei ze.

'Jouw toekomstige schoonzoon,' zei ik serieus.

'Die man? Kind, het zou je vader kunnen zijn!'

'Had gekund,' zei ik en voegde er nog aan toe dat ik met Pasen niet naar huis kon komen.

Ik hou van hem, dacht ik, ik zal hem redden. Misschien is dat mijn bestemming. Je moet toch wat. Een onvruchtbaar bestaan, wie wil dat nou.

Bij Lucas zou ik mijn eerste en belangrijkste socratische veldwerk gaan verrichten, de tegenspraken in zijn denken voor hem blootleggen, hem weer verzoenen met de kunst door hem uit te leggen waarom hij, als hij tenminste werkelijk samenviel met Simon uit *De kunstenaar*, inderdaad geen kunstenaar kon zijn en zijn ideeën een obstakel vormden voor zijn handelen. Zoals Clemens Brandt in het verhaal van de zondeval had willen inbreken, zo was het mij bij het lezen van *De kunstenaar* vaak overkomen dat ik me bij de schrijver en de schilder had willen voegen om tegen Simon te zeggen wat de schrijver achterwege liet. Omdat dit onmogelijk is, had ik het allemaal opgeschreven in mijn scriptie.

Ik moest niet vergeten de scriptie vanavond mee te nemen. Als ik de draad kwijt was zou ik nog altijd een passage kunnen voorlezen uit eigen werk.

Soms kan ik me ook niet meer zo goed herinneren wat ik allemaal bedacht heb.

Arti is een besloten sociëteit, om er binnen te mogen gaan moet je lid zijn. Lucas Asbeek had me beloofd buiten te zullen wachten en mij daarna, als introducée, mee naar binnen te nemen.

Hij stond in het voorportaal en bekeek de opgeprikte affiches aan de wanden. De vorige week vrijdag had hij een tweedelig pak gedragen, met een hemd en een stropdas. Om hem heen had een lichte geur van motteballen gehangen. Nu droeg hij jongenskleren, een spijkerbroek en een kort jack in een felle kleur groen.

'Hallo.'

'Hé, hallo,' zei hij met een haast kinderlijke blijheid. Hij gaf me een hand en schudde die onnadenkend ruw, waardoor ik moest lachen. Hij keek me maar heel even aan, een korte, onderzoekende en wat schichtige blik, draaide zich om en ging me, al pratend, voor naar de deuren die toegang gaven tot de sociëteit.

'Wel fijn dat je gekomen bent,' zei hij. 'Ik vind het maar een rare afspraak. Van de week ging ik steeds meer aan mijzelf twijfelen, of we echt iets afgesproken hadden voor vandaag, bedoel ik. Gelukkig ben je er en is het allemaal echt waar.'

Hij liep voorovergebogen, wat houterig en met een opgetrokken rechterschouder. Hij liep als iemand die geen enkel besef heeft van zijn uiterlijk, zijn looppas. Nooit gecorrigeerd, nooit iets over zichzelf te horen gekregen. Terwijl hij sprak gebaarde hij met zijn handen, flauwe guirlandes in de lucht, waardoor die grote handen opeens heel vrouwelijk werden.

Op een tafel bij de ingang lag een gastenboek. Lucas Asbeek schreef zijn naam op en reikte mij daarna de pen. Ik moest mijn naam en adres neerschrijven. Gebogen over het boek bekeek ik het handschrift en de signatuur die ik zo goed kende. Het wond me op om zo dicht bij de zonet neergeschreven naam te zijn. Ik voelde me vreemd, onwerkelijk, op barsten. Door mijn naam onder de zijne te schrijven was het alsof het werkelijke en het onwerkelijke aaneengeklonken werden, alsof ik me, samen met hem, inschreef voor de wet, een huwelijk sloot met iemand uit mijn fantasie, uit mijn droom, uit de eenzame betrekkingen met de letters en de beelden. Het ongelooflijk echte deed bijna pijn en ik was het liefst in de voorovergebogen houding bevroren om het gevoel zo lang mogelijk te laten voortduren.

Lucas liep naar een tafel aan de zijkant van de ruimte. In het midden stonden ronde, houten tafels, aan de wanden hingen schilderijen in krullerige, brede lijsten. Er zaten voornamelijk oude mensen, waarvan ik Lucas, die naar de bar liep om voor ons iets te drinken te halen, verschillende zag begroeten.

Ik wist me met mijn houding geen raad en haalde mijn scriptie uit mijn tas. Met een vulpen schreef ik 'Voor Lucas Asbeek' op de binnenkant van de kaft en legde hem aan zijn kant van de tafel.

Met trillende handen zette Lucas de glazen wijn op tafel. Op de huid zaten kleine, rode, wat schilferige plekken.

'Is dit voor mij?' vroeg hij toen hij de scriptie zag liggen. 'Wat aardig, bedankt. *Het lot van een personage*, Marie Deniet,' las hij hardop. 'Ik ben weer eens gered,' voegde hij er lachend aan toe, 'want ik wist jouw naam eerlijk gezegd niet meer. Heb ik die wel geweten? In ieder geval heb ik in mijn agenda toen maar: "jonge vrouw N.N." opgeschreven. Maar Marie is beter. Proost.'

Hij bladerde door mijn scriptie, even later las hij. Zijn ogen kleefden aan de bladzijden en toen hij me weer aankeek had hij een ontredderde blik in zijn ogen. Ik kon me wel voorstellen wat hij gelezen had.

'Het zuigt me onmiddellijk naar binnen,' zei hij. 'Volgens mij gaat het over van alles waar ik me suf over prakkezeer. Kun je me vast de plot verraden en vertellen wat ten slotte het lot van Socrates is?'

'Om een personage te zijn en in een verhaal te belanden.'

'Zoals ik,' zei hij.

'Zoals jij,' zei ik.

'Wat doen we hier eigenlijk?' zei hij en keek me meewarig aan. 'Ik hou helemaal niet van Arti. Jij? Eigenlijk wil ik het liefst naar huis. Je begrijpt toch wel dat ik dit nu moet lezen. Zullen we gaan?'

We gingen. We kozen het dichtstbijzijnde huis, het mijne. Daar is hij achter mijn tafel gaan zitten, las en bleef.

's Nachts hield hij me in mijn armen en zei dat we pasten, lieverd, zei hij. Zie, we pasten. Het voelde als de omarming van het lot en het lot was de liefde en zij kwam in de naam van Lucas Asbeek. Ik was niet eens zo verbaasd.

's Ochtends gleed ik voorzichtig uit zijn armen en trok een stoel bij het bed. Ik keek. Ik beefde over heel mijn lichaam. Tremor nervosa, dacht ik.

Hij lag er als een jonge god, zo gaaf, een hand tegen de wang aangevleid, de andere in een knuist voor zijn borst. Rond zijn mond zweemde een glimlach. Je lacht, je bent tevreden. Het is goed zo, eindelijk. De glimlach leek er een te zijn die bij het waken hoort, zodat ik hem even wantrouwde en dacht dat hij zich slapende hield, maar toen ik mij vooroverboog om de details in zijn gezicht nauwkeurig te kunnen bekijken, veranderde er niets in zijn houding. Hij sliep, diep.

De rode vlekken op zijn handen had ik die nacht ook op andere plaatsen op zijn lichaam aangetroffen.

'Psoriasis?' had ik gevraagd.

'Ja.'

'Kenmerk van tweeslachtige hyperindividualisten,' had ik gezegd.

'Zal wel,' zei hij.

Zijn gezicht was glad, hij had minder rimpels dan ik. De ouderdom had zich verscholen, ergens achter zijn oor, in de buurt van de zachte lellen, verborgen voor wie daar niets te zoeken had.

Ik zocht overal. Ik wou op iedere plek belanden.

Nadat hij ontwaakt was kookte ik een ei voor hem en

wenste hem een vrolijke Pasen.

De rest van mijn leven was begonnen.

Ik wist nog niet dat Lázslo gelijk kreeg en ik er inderdaad zo een ben die ziek wordt van de liefde.

'Zal ik je vertellen wanneer onze geschiedenis begonnen is?'

'Nee, laat maar, Marie. Onze geschiedenis begint vandaag.'

'Vind je het niet prettig, geschiedenissen?'

'Jawel, maar ik wil geen personage zijn in jouw verhaal, onderdeel van een intrige, knooppunt in een plot. Je kunt van mij geen verhaal maken, het klopt toch nooit met de werkelijkheid.'

'Daar zijn verhalen ook niet voor bestemd, om te kloppen met de werkelijkheid.'

'Ik ben bang voor gekunsteldheid.'

'Je bent bang voor de kunst, Lucas.'

'Het is een vreemde ontmoeting, met jou. Je bevalt me. Ik besef nu pas dat ik voor het eerst met iemand praat over zin en betekenis, terwijl ik daar toch altijd mee bezig ben geweest. Maar het is wel moeilijk om erover te praten. Bij jou moet je wel. Met jou heb ik tenminste een dialoog.'

'We zien het anders, jij en ik.'

'Ja, beslist.'

'Je bent als Socrates, jij weigert een personage te zijn in het verhaal van iemand anders. Jij weigert te ontvangen, omdat je denkt dat je helemaal op jezelf iemand kunt zijn, volkomen los van anderen.'

'Zonder meer.'

'Maar misschien kun je daarom ook geen kunst meer maken, Lucas, terwijl je dat toch het liefst weer zou willen. Je kunt het net zo min als Socrates zijn filosofie op kon schrijven. Je probeert te voorkomen dat mensen jou een betekenis toekennen waar je zelf niet om gevraagd hebt, maar dat is toch onvermijdelijk? Betekenis is iets dat je uit handen moet geven. Je kunt er niet bij blijven staan en zeggen: dit beteken ik, Lucas Asbeek, en de dingen die ik maak betekenen dit en dat, niets anders. Je moet het overgeven, afwezig durven zijn als kunstenaar.'

'Maar ik wil niets liever!'

'Als ik *De kunstenaar* mag geloven is het juist dát wat je niet meer kan, dingen maken die je moet overlaten aan de mensen die er, los van jou, een betekenis aan zullen geven.'

'Die Simon is een draak. Ik ben Simon niet. Het is een personage van Anton. Ik ben zelf iemand anders.'

'Waarom kun je dan geen kunst meer maken?'

'Ze raakt de waarheid niet.'

'Mensen zijn betekenisdieren. Ze kropen bij elkaar, begonnen op den duur met elkaar te praten, noodzakelijkerwijs, gaven de dingen en elkaar een naam en sindsdien is er betekenis, sinds het mogelijk was tegen de een Piet en tegen de ander Jan te zeggen. Er is helemaal geen waarheid van Piet en Jan, maar met de namen kwam wel het verlangen naar de onderscheiding, een verlangen naar de waarheid, dat het werkelijk iets zou betekenen, Jan te zijn of Piet.

Nu zijn we al lang geen dieren meer en blijven zoeken naar betekenis en zin. Het is een vloek en tegelijk is het mooi, van nutteloosheid.'

'En wat hebben de dieren dan?'

'Dieren hebben honger.'

'Ik ook,' zei hij en graaide naar een koekje. Hij stopte het in zijn mond en keek me strak aan terwijl hij kauwde. Hij bleef kijken en hij bleef zijn mond volproppen met koekjes, het ene na het andere.

In zijn ogen schitterde de ondeugd van de uitdaging en de trots van het verweer. Arme Lucas. Ik praat onophoudelijk, het is terreur, de razernij van de liefde.

Ik zeg niks. Ik kijk.

'Zo, nu heb ik geen honger meer.' Het schaaltje was leeg.

'Jawel,' zeg ik. 'Je hebt nu een walgelijk volle maag, maar je ziel hongert nog steeds naar zin.'

Kan ik dan niet een keer gewoon mijn mond houden, alsjeblieft?

'Gistermiddag was ik toch bij die oude vriend van me, een beeldhouwer. Hij zei iets dat me erg raakte. Hij zei, je moet het voor jezelf doen, beeldhouwen, het is iets wat in zichzelf zinvol moet zijn, het maken. En dat de rest, alles daar omheen, circus is, onzin. Het heeft niks met het beeldhouwen te maken. Ik geloof dat hij daar gelijk in heeft.'

'Ik niet. Eten en drinken kun je voor jezelf doen, en kennis vergaren, maar kunst kan volgens mij niet puur en alleen iets voor jezelf zijn. Kunst is toch ook de keuze voor een manier om met de anderen om te gaan, met de hele wereld, als het even meezit?

Je kunt de wereld bereiken, via een ding, een beeld, een

boek, en je kunt met de wereld praten zonder er zelf in persoon bij te hoeven zijn. Je bent er en tegelijk ben je er niet, is er alleen het ding en breng je via dat ding je eigen bestaan in verband met het bestaan van iedereen. Je moet je durven laten bemiddelen door iets anders dan jezelf, iets wat toch jouw naam draagt.'

'Klinkt ook weer heel waar.'

'Stel dat het inderdaad waar is, Lucas, dan zou het betekenen dat jij geen beelden meer kunt maken omdat je een relatie weigert aan te gaan met de anderen. Beviel ze je niet? Schrok je echt zo van de roem en het applaus?'

'Het is nooit genoeg.'

'Wat?'

'Het applaus, het is nooit genoeg. En omdat het niet genoeg is en het tekort nog veel erger is dan het applaus zelf, zie ik er maar liever helemaal van af, geloof ik. Ik geloof dat het dat is. Ik wil niet lijden onder het verlangen naar nog meer.'

'Het is net als met de liefde.'

'Hoezo?'

'Daar krijgen we ook nooit genoeg van.'

'Iedereen is toch kunstenaar. De mythen over de grote kunstenaars zijn juist fnuikend, want daardoor worden de mensen afgeschrikt en wordt hen wijsgemaakt dat ze zelf niet in staat zijn iets te maken. Het wordt te veel als iets bijzonders voorgesteld. Door de mythen van de kunst en de persoonsverheerlijking van kunstenaars worden de mensen onthand en daar weiger ik verder aan mee te werken.'

'Natuurlijk is iedereen kunstenaar, maar niet iedereen

exposeert, publiceert, treedt op, dat is het verschil. Je bent volgens mij een kunstenaar wanneer je de gemaakte dingen los kunt laten. Zolang je je smartelijke gedichten, onthullende dagboeken, je schilderijen of molentjes van luciferstokjes in het dressoir laat liggen, heb je met de anderen niets van doen. Je wordt kunstenaar als je de grens overschrijdt, de drempel neemt naar het publiek. Dan pas stel je de wereld in staat betekenis te geven aan iets.'

'Maar je hebt de wereld toch niet nodig.'

'Misschien heeft de wereld jou nodig.'

'Welnee, daar buiten zit niemand op Lucas Asbeek te wachten.'

'Jawel, Lucas. Ik ben buiten. Ik wacht op jou, liefste.'

'Soms spreek je als een orakel, Marie. Dan voel ik wel dat het waar is wat je zegt en dat je het goed met mij voor hebt, maar ik begrijp er niks van.'

'Er waren veel mannen,' zegt hij.

'Er waren altijd mannen, ja,' zeg ik.

Ik vertel hem van de mannen, totdat hij zegt dat ik op moet houden. Het maakt hem ziek van jaloezie, zegt hij.

'Met jou is het anders,' zeg ik. 'Ik heb nog nooit van iemand gehouden, ik ben nog nooit van iemand geweest. Het waren altijd vreemde geschiedenissen en ik was iemand die geheim gehouden werd. En dat liet ik zo. Zo was het goed. Maar met jou is het echt, reëel.'

'Daar droom ik al een leven lang van, van iets reëels. De werkelijkheid is verbijsterend echt en toch blijft ze heel onbereikbaar. Ik heb altijd het gevoel dat het niet zo is, zoals het is, dat er iets niet klopt. De werkelijkheid komt altijd hand in hand te voorschijn met iets wat haar ook ontkracht, onecht maakt, met iets leugenachtigs en vals. Kunst heeft dat ook, het is echt wat het is en toch ook iets anders. Heel moeilijk.'

'Volgens mij gaan jouw beelden daar ook over.'

'Ja?'

'Wat had je voor ogen? Wat wilde je bereiken bij de mensen die jouw werk zagen?'

'Eigenlijk zoiets als werkelijkheidszin, maar die heb ik zelf niet eens. Het rare was dat ik met de beelden wou bereiken dat ze ophielden met het kijken naar mijn beelden en het werkelijk bestaande leerden zien. We kunnen de werkelijkheid niet waarnemen. We kijken juist via de taal en via de kunst en zien niet wat er is.'

Lucas kwam en Lucas ging. Als hij vertrok bleef ik achter en wist me geen raad. Ik miste hem. Ik wist niet meer hoe ik voldoende moest hebben aan mijn eigen ogen, oren, mond. Ik was mezelf niet genoeg. Iedere keer was ik radeloos van angst, bang dat hij niet meer terug zou komen.

Maar Lucas kwam steeds weer. Ook om mij duidelijk te maken dat het inderdaad nooit zeker was dat hij iedere keer terug zou komen.

'Ik wil wel in je,' zeg ik, 'als een amoebe, of als een soort ziekte, waar je van lieverlede van gaat houden.'

'Is het een wet van de echte liefde,' vraag ik aan Lucas, 'dat je bijeen bent en dan weer uit elkaar gaat?'

'Ik weet het niet. Misschien ben ik ook nooit echt van iemand geweest.'

'Het is een wrede choreografie, die van de liefde. Ik hou er niet van. Aantrekken en afstoten, wie heeft ooit voorgeschreven dat het zo moet zijn?'

'Misschien kan het ook anders. Misschien ligt het aan mij, omdat ik altijd een slag om de arm houd.'

'Waarom hou je daar dan niet mee op, met een slag om de arm te houden?'

'Ik hou echt wel van je, of hoe zeg je dat.'

'Ik weet het.'

'Maar misschien niet genoeg.'

Eerst verlies ik mijn eetlust. Ik word mager. Als ik voedsel zie, uitgestald in de etalages of op de markt, word ik misselijk. De gedachte op iets te moeten kauwen, iets met mijn tanden te moeten vermalen, is onverdraaglijk. Etensgeuren zijn weerzinwekkend.

Ik drink en rook. Ik voel hoe leeg ik ben van binnen en het herinnert me aan honger, maar het is een honger die er om vraagt ongestild te blijven. De honger moet mij uithollen, schoonmaken, alles verteren wat daarbinnen nog zit. Er kan niets van buiten door mijn mond naar binnen, dat is ondenkbaar en onnodig. Lucas is genoeg.

Het interesseert me niet wat het is. Er valt niet over na te denken. Ik hoef mijzelf niet te begrijpen. Lucas wil ik begrijpen.

Dan verlies ik tassen, beurzen met geld, mijn pen, mijn Borsalino, boeken, kleren.

Ik ben er trots op. Ik ben er trots op dat ik aan het verliezen ben.

Als hij me wakker schudt gaat het snikken gewoon door,

vanzelf. Mijn gezicht is nat van de tranen.

'Je huilde in je slaap. Je lag te janken als een gewonde hond, heel hard. Ik werd er wakker van. Wat is er dan, lieverd?'

Ik herinner me geen droom, geen beelden, niets. Ik ben verbaasd en triest.

'Ik weet het niet.'

'Ik maak je niet gelukkig,' zegt hij en laat me abrupt los.

'Jawel,' zeg ik, 'het maakt me erg gelukkig, ook dit, het verdriet. Het komt met jou mee, met het geluk. Maar aan dat verdriet, daar kun jij niets aan doen. Het komt niet van jou. Dat zat er al.'

'Het is alsof ik geen verleden met je krijg, Lucas. We zijn al een jaar bij elkaar, maar iedere keer als we ook maar even uit elkaar zijn geweest, is het alsof je in je afzondering de tijd teniet hebt gedaan, alsof je besloten hebt te vertrekken, omdat er niets geweest is om te blijven. Dan zie ik het aan je gezicht, hoe de verlatenheid er weer ingeslopen is. Je hebt je in die korte afwezigheid weer alleen gemaakt. Het doet pijn om het te zien, in je ogen, in wat er om je heen hangt. Je verwoest steeds ons verleden, de dagen dat we bij elkaar zijn en je zegt dat je gelukkig bent met mij.'

'Ik geloof dat ik het niet kan, Marie, wat jij wil. Het is me te hoog, te absoluut. Het kan toch niet duren, zoveel liefde van jou, dat denk ik inderdaad steeds. Als ik hier de deur uitga denk ik steeds dat het afgelopen is en ik er niet meer in kom. Ik raak jou toch kwijt.'

'Ik had me anders op de eeuwigheid ingesteld.'

'Je bent goed voor mij, Marie.'

'Jij bent ook goed voor mij, Lucas.'

'Nee, ik ben niet goed voor jou. Als het zo doorgaat blijft er niks van jou over.'

Op een avond staat hij op, bruusk, met woede in zijn bewegingen. Hij stampt naar de keuken. Ik hoor hem rammelen met potten en pannen, er sist boter in de pan. Even later zet hij resoluut een bord met eten voor mijn neus. Groenten en vlees.

'Je moet wat eten,' zegt hij.

Ik durf niet te weigeren. Ik eet. Met spijt voel ik de leegte verdwijnen, voel ik hoe ik opgevuld raak en mijn kracht verlies. Daarna ben ik futloos.

'Wil je dat alsjeblieft nooit meer doen,' zeg ik later in bed tegen Lucas, 'me te eten geven als ik niet wil eten. Er zijn wel andere manieren om me te laten zien dat je van me houdt.'

'In jouw huis hebben we nauwelijks ruimte om te lopen. Jij bewaart alles, omdat je van ieder ding denkt dat je het ooit nog eens tot een beeld kunt omvormen en van ieder ongelezen boek dat het de waarheid bevat die een beslissende wending aan je leven kan geven. Je trekt een wissel op de toekomst en de ledigheid van vandaag blijft. Je leeft in een voortdurend uitstel. Je praat over betekenissen, maar je stelt het geven van betekenis steeds uit. Ook van ons.

Je verzamelt alleen maar mogelijkheden en al die mogelijkheden die nog gerealiseerd moeten worden, maken je onrustig en ongelukkig. Het worden er steeds meer, steeds meer dingen en boeken. Ze liggen daar maar te wachten op jou en blijven waardeloos, zolang jij ze niet aanraakt.'

'Jij wil mij veranderen.'

'Nee, liefste, jij bent mij goed genoeg. Ik wil je gelukkig maken. Volgens mij ben jij zelf degene die wil veranderen.'

'Ja, ik wil nog steeds veranderen. Waarom eigenlijk?'

'Omdat jij jezelf niet goed genoeg vindt en ernaar verlangt om goed te zijn.'

De dag waarop ik voor het eerst flauwval en het bloeden begint, valt samen met de dag waarop Guido de Waeterlinck opbelt en me vraagt als filosoof op de universiteit te komen werken.

De keuze komt me dramatisch voor, alsof ik moet kiezen voor het leven en tegen de liefde. Ik heb een maand lang de tijd. Ik bloed en twijfel een maand.

Als de maand om is maak ik Lucas midden in de nacht wakker. Ik ben angstig.

'Ik weet het niet meer,' zeg ik tegen Lucas.

'Eindelijk,' zegt hij.

VII

De psychiater

Maandag, 15 september 1986 – 14.00 uur

Dokter, ik simuleer.

U luistert. Het is toch uw vak in mijn woorden iets te beluisteren wat ik niet zeg, wat ik verzwijg, of ik dat nu wil of niet?

U haalt de waarheid achter mijn verhalen vandaan, de waarheid die ik niet heb. Eigenlijk bent u zoiets als een professionele lezer.

Het is goed om onderling afstand te houden. Als u het niet erg vindt wil ik u graag met u blijven aanspreken. U kunt mij gerust bij naam noemen en tutoyeren. U moet sterker zijn dan ik. Ik ben in nood.

Even voor alle duidelijkheid, ik heb al van u gehoord. U bent de vader van Daniël en u was de psychiater van Lucas Asbeek, de man van wie ik hield, hou. Lucas was het einde. Met Lucas heb ik mijn laatste kans verspeeld. Ik ben mislukt in die liefde.

Ik ben een onmogelijk iemand. Met mij valt niet te leven.

Alles grijpt in elkaar. Het beangstigt me, het verband tussen de tekens. Het is te veel, te veel thema's, te veel motieven, te veel meesters, te veel talen, onaffe verhalen, tegenstrijdigheden, van alles te veel. Het gaat nu buiten mij om. Waar moet ik dan beginnen en waar leidt het toe? Tot niets, verwarring in de ziel.

Ik voel me niet langer de organisator van dit toeval. Iemand speelt met mij, iemand anders dan ik. Hij probeert me iets aan het verstand te brengen, maar wat in godsnaam?

Hij ja, het is een hij. Hij is nogal goddelijk en bovenal verschrikkelijk machtig, anders kun je zoiets niet.

Ik weet niet waar ik moet beginnen.

Ik zal beginnen met de astroloog, zo noem ik hem, consequent. Hij is dood. Hij heette eigenlijk Miel, Miel van Eysden. Hij is in een ravijn gevallen. Hij was een vriend van me. Kan ik dat zo zeggen? Ja, het was een vriend.

De laatste tijd moet ik weer vaak aan hem denken. Hij had iets met getallen en met de sterren, natuurlijk. Iedere dag zag hij wel ergens het getal drieëndertig opduiken en iedere dag controleerde hij in zijn boeken met cijfers waarom op die dag had plaatsgevonden wat er plaatsvond. Dan klopte de wereld en kon hij zijn lijden verklaren. Ik begrijp hem nu beter. Hij is zo gek als een deur, heb ik toen weleens gedacht, maar in mijn hoofd gebeurt nu ook zoiets. Allemaal boodschappen ontdekken.

Vandaag is het de dag van de Zeven Smarten van de Heilige Maagd Marie, een maandag bovendien en uw huisnummer is het getal dat mij de wereld ingejaagd heeft. Het gaat maar door. En wat betekent het?

Ik zou niet weten welk boek voor mij achteraf moet verklaren waarom het mij vergaat zoals het me nu vergaat. Ik heb juist vaker het gevoel terecht te komen in de boeken die ik zelf van tevoren, eigenhandig geschreven heb, in mijn hoofd dan. En ik wil eruit. Ik wil buiten de grenzen van dit boek.

Dat is ook, wat ik zeker tegen u moet zeggen, wat me verontrust en opjaagt. Het is alsof mijn leven alles gemeen heeft met de literatuur. Het lijkt er zo op. In de literatuur heeft ook het minste woord betekenis en alles hangt met alles samen, net als in mijn leven, nu. En ik heb altijd gedacht, voordat het mij boven het hoofd steeg, dat ik het zelf deed, de verbindingen leggen tussen de uiteenlopende voorvallen, dat het een manier was om schoonheid te geven aan het leven en betekenis. Hoe kun je het anders zinvol maken?

Er komt alleen maar geen literatuur uit mij. Het is de vraag of het wel goed is dat mijn leven lijkt op een boek. Ik hoef helemaal geen romantisch leven, als ik maar in staat ben om een boek te schrijven. Dat moet. Nu. Het is tijd.

Je hoort weleens van schrijvers die pas met een boek begonnen nadat ze bij een psychiater waren geweest, maar van de andere kant hoor je ook weleens verhalen van mensen die al bezig waren met schrijven of schilderen en die toen naar een psychiater gingen en daarna nooit meer een letter op papier hebben gezet of een kwast in hun handen hebben gehouden. Als het er zo met mij voorstaat, dokter, dan moet u mijn ziel met rust laten en het mij nu zeggen, dan ga ik weg. Ik red me wel. Ik loop niet in zeven sloten tegelijk.

Ik wil een persoon worden, iemand met een eigen leven en met ogen die zelf iets zien, op een eigen manier en niet op de manier van iemand anders. En ik zou ook woorden in mijzelf willen horen opkomen, helemaal van mijzelf. Overal zit de vuiligheid van anderen, als een korst om de taal, als een waas voor mijn ogen, van bezoedeld glas lijken ze wel. Ik zie echt niks. Ik haal alles door elkaar, ik vermeng de categorieën, man-vrouw, literatuur-werkelijkheid, waarheid-leugen, en er is niets in mij dat als scheidsrechter op kan treden door tegen het ene te zeggen: jij bent niet wat je lijkt te zijn en tegen het andere: jij bent het, jij bent waar, je bent wat je bent en voor jou kies ik.

Ik verdraag dat dubbelzinnige gedoe niet, al die ambiguïteiten, daar word ik mies van.

Het gaat niet goed met me.

Misschien ben ik ooit een persoon geweest. Ik herinner het mij niet meer. Word je als persoon geboren? Ben je dan al iets, van jezelf, als je daar in de wieg ligt en ze je het hoofd nog niet op hol hebben gebracht met al hun onzin?

De onzin. De woorden, ideeën en meningen van anderen, hun wetten, hun moraal, hun wetenschap, hebben me beneveld. Eigenlijk is mijn geest verkracht. En ik heb het zomaar laten gebeuren, uitgelokt, ik lonkte me te pletter. Hij heeft me dat voorspeld, de astroloog. Hoe noemde hij me ook weer? Een platonische hoer, geloof ik, iets van die strekking.

Ik weet zelf niet meer wat goed en kwaad is. Ik wil genezen van de gedachten van anderen, van andermans leven.

Ik wil goed zijn.

Ik word er zo moe van een karakter te krijgen.

Ik dacht altijd dat het iemand overviel, de waanzin. Dat is niet zo. Je zoekt haar op, je nodigt haar uit, je laat haar toe en beziet nog met spanning hoe je haar een beetje met je laat sollen, wat ze met jou kan bereiken. Het is een uitproberen, een schijngevecht, eens kijken hoe ver je je durft te laten gaan, hoe gek je durft te worden. Maar die ander in je, die alles controleert en op je past als het nodig is, die is verzwakt, maar blijft aanwezig.

Gek worden is volkomen buiten zinnen raken, dacht ik, maar het is niet waar. Zinnen zat.

Ik weet verdomd goed hoe het er met mij voorstaat. Het is bedrog. Ik denk dat het de zoveelste poging is de waarheid op het spoor te komen, dit gek worden. Alleen zet ik dit keer mezelf op het spel.

Ik heb een encyclopedische honger naar kennis, ik heb haar overal gezocht, ik heb veel meesters gehad. U bent de meester in het achterhalen van de betekenis van dit, zo'n monoloog.

Het vervelende is alleen dat ik er eigenlijk niet in geloof, in de waarheid van mijn verhaal, in een uiteindelijke betekenis, zelfs nu niet, nu het om mij gaat en ik mij hier gezond moet kwekken en van u het onmogelijke verwacht.

Ik zeg zij, ja. De waanzin is een vrouw.

Denkt u dat het iets te betekenen heeft, hoe ik sol met het geslacht van de woorden? Zoekt u daar iets achter?

Onze tijd is beperkt. Ik ben dertig, wij hebben maar een uur en de zon is ook nog bezig te verdwijnen.

Mijn Zon staat in het eerste huis. Dat is een wet. Ik hoor te weten wie ik ben. Dat is de interpretatie van de wet. Zulke dingen zitten in mijn hoofd en ik heb er niks aan, nul komma niks. Last, ja.

Als ik val zal ik huilen van geluk, schoot me steeds maar te binnen. Beckett. Je kunt verlangen naar de val, naar het stoppen met leren, blijven steken, ophouden met je te ontwikkelen. Musil.

Ik ben geen seconde alleen.

Twee weken geleden heeft een onbekende me van straat geraapt. Ik fietste over de grachten, richting Dam. Ik keek naar de grachtenpanden en werd steeds treuriger. Ze zijn door de mensen gemaakt en mensen sterven, maar die huizen blijven staan. Dat bedacht ik en ik vond het op dat moment allesomvattend en erg tragisch. Op een van de bruggen zag ik opeens een jonge punker. Ze zijn heel herkenbaar. Ze hebben piekhaar, dragen ijzingwekkend strakke broeken, leren jacks waar woorden op geschilderd zijn en hoge, plompe legerschoenen. Hij was niet veel ouder dan veertien, had een dure camera in zijn handen met een lange lens en hij joeg er huppelend mee achter een duif. Hij wou die duif vangen in een beeld, begrijpt u, en terwijl ik dit zag verstilde de punker zelf in mijn hoofd tot een zinnebeeld. Het was het beeld van iets wat onmogelijk is en pijnlijk. Want die jongen moet toch dood en de duif gaat dood en ik zelf ook, ik die dit alles zie en bedenk. Het heeft geen enkele zin om die duif te fotograferen. Je ontkomt niet aan de dood. Die foto misschien. Ik reed zo maar tegen een verhoging en viel. Ik lag daar en wou altijd wel zo blijven liggen. Een voorbijganger heeft me op de been geholpen, een man, een Fransman was het. Hij ondersteunde me en zei met een stem vol zorg: 'Mais petite' tegen mij. Mais petite. Toen heb ik mijn armen rond zijn nek geslagen en mij aan hem vastgeklampt. Ik heb tegen hem gezegd iets van, help me, hou van me, ga nooit meer bij me vandaan, bescherm me, red me. Ik ben aan het sterven. Tegen een wildvreemde.

Hij verstond die woorden niet, maar hij was heel zorgzaam. Ik zag dat ik hem angstig maakte, ook, heb mijn neus gesnoten, hem bedankt.

Het voorval met de punkjongen gaf de doorslag. U bent ook een vreemde. Tegen u zou ik hetzelfde willen zeggen.

Het is wel wat, vragen om hulp. Vreemd genoeg is het, nee, laat maar.

Het spijt me dat ik zo raaskal en geen structuur kan aanbrengen in wat ik u allemaal moet vertellen. Thuis, toen ik alleen was, kwam het me allemaal zo coherent voor, alsof er geen speld tussen te krijgen was, een ordelijk, kloppend verhaal, met een duidelijk begin en een einde, waar u iets aan zou hebben.

Hoe lang hebben we nog?

Mag ik nog een keer opnieuw beginnen?

Wordt u er niet vreselijk moe van, zo lang naar mij te moeten luisteren?

Soms heb ik het gevoel alsof ik de wereld helemaal doorzie, hoe alles op zijn plaats is en hoe alles zijn tijd heeft en een eigen noodzaak en hoe ook het eigen leven het enige is dat mensen hebben, omdat het een knooppunt is van alles wat er in je leven voorvalt en als je dat eigen knooppunt niet hebt, dan heb je dus niets, want dan is iedere gebeurtenis nietszeggend, nergens mee verbonden, zomaar een gebeurtenis, zonder waarde, een waardeloos voorbijgaand voorval dat net zo goed niet had kunnen plaatsvinden, een loshangende draad, betekenisloos. Alleen de mensen met een eigen leven zijn in staat om een verhaal te zien in wat het leven feitelijk is, die onder de gruwelijke verschillen van iedere minuut de eenheid beluisteren, de eenheid van hun verhaal, alleen die mensen kunnen gelukkig zijn.

Dokter, ik ben zielsgelukkig, maar ik kan mijn geluk niet meer aan.

Ik wil wel tegen de wereld preken, de mensen leren hoe ze die taal moeten beluisteren, die onder de voorvallen in hun leven schuilgaat. Dan kunnen ze zelf ook weer mensen worden die de wereld bevrijden van haar stomme zinloosheid, van de nodeloze, zwijgende aanwezigheid van de wereld. Anders heb je toch geen leven, als je daar niet toe in staat bent?

Ik heb medelijden met ons, mensen. Nietzsche keurt het medelijden af, voor Schopenhauer is alle liefde medelijden, wat moet je dan in vredesnaam? Is het nu goed of is het slecht om medelijden te hebben?

Ik voel me erg alleen.

Ik weet niet hoe ik mij verstaanbaar moet maken.

Het wezen van de dingen bestaat niet, dokter, niet zonder ons in ieder geval. Wat wij ervan maken dat zal het zijn, niets anders.

Maar hoe zit het dan met de mensen zelf? Word je met een wezen geboren, als mens?

Stel dat het de mensen vergaat zoals het de dingen vergaat, dat de mensen op zichzelf ook niets zijn, maar dan ook helemaal niets. Gruwelijke gedachte en dus waarschijnlijk waar. Dan zijn de mensen onderling net zo afhankelijk van elkaar als de dingen het van ons zijn, dan kunnen wij zelf alleen zijn wat een ander van ons maakt. Dan kunnen wij alleen iets betekenen wanneer anderen de bereidheid hebben, de liefde, om ons betekenis te geven in hun verhaal. Dan zijn we noodgedwongen personages in het verhaal van iemand anders en voor de rest, in onze eenzaamheid, stellen we niks voor, zijn we onbeduidend, nietszeggend, zwijgende en overbodige dingen. We zijn overgeleverd aan de genade van anderen, van hun maakwerk. Wij hebben daarbij het nakijken.

Sommige mensen worden zacht van de liefde en meegaand, ik niet. Ik werd woest en ging in de aanval. Hoe harder ik vocht hoe liefhebbender ik was. Ik snap er niks van.

Ik verslind de mensen, maar ik word ook wel degelijk door de anderen verslonden. Ik ben me doodgeschrokken van de liefde.

Ik kan het allemaal niet meer zo goed uit elkaar houden. U moet mij helpen weer helder te worden en de bokken van de schapen te leren scheiden.

Ik bedoel dus dit, als je eigen leven het enige is dat je leven de moeite waard maakt en ook het enige instrument waarmee je aan het leven betekenis kunt geven en als je ook bedenkt dat je leven toch overgeleverd is aan anderen en alleen zij jou kunnen maken, dan is dat toch een vreselijke gedachte?

Begrijpt u wat ik bedoel te zeggen?

Waarom zit ik hier? Hoe ben ik hier beland? Ik heb een talent voor het geluk dokter, echt waar, altijd gehad, nooit aan getwijfeld. Ik heb me altijd rijk gevoeld, begiftigd met het vermogen om van het leven een mooi leven te maken, hoe het ook verloopt, het heeft altijd schoonheid gehad.

Ik moet me afzonderen van de mensen en in mijn huis blijven om mij tegen gebeurtenissen te beschermen, want zodra ik een voet buiten de deur zet stormt de wereld op mij af als een drieste hond en ik heb geen enkel verweer, het nietigste wat ik zie raakt me als een belangrijk iets en het bezorgt me verdriet of een fel geluk en eigenlijk wil ik het bewaren, de gebeurtenis losmaken van zijn plaats en tijd, bevrijden, door haar in mijn verhaal op te nemen en betekenis te geven.

Ik heb te veel boeken gelezen. Er gebeurt te veel in mijn kop.

Soms ben ik doodop van het zien. Het is gewoon ongezond zo gelukkig als ik ben. Ik mat mijzelf af.

Is dit normaal?

Klopt het nog?

Wat ik dus eigenlijk wil zeggen, afzonderlijke voorvallen bestaan niet. Wat afzonderlijk is en alleen en nergens in past, heeft geen betekenis. We moeten de dingen en de mensen redden, ze verlossen van hun betekenisloosheid, steeds weer, steeds opnieuw. Het probleem is dan, dat ik mijzelf niet kan redden. Ik ben de enige die afzonderlijk is, ik kan mijzelf geen betekenis geven. Ik vind het onprettig zelf zo leeg en zonder betekenis te zijn.

Lucas wilde ik helpen, hem troosten en bemiddelen tussen hem en hem, tussen hem en de vijand van hemzelf, die ook in hem zit. Hij is zo ongeordend en verdeeld van binnen, twee in een, en dan hou ik het getal nog aan de lage kant. Hij laat veel twijfel toe. Er was nooit genoeg van hem gehouden. Ik dacht, door veel van hem te houden, hem werkelijker te kunnen laten worden, zodat hij naar beneden durfde te komen, met zijn beide benen op de grond en dan natuurlijk pontificaal naast mij voortstappend, hier in dit aardrijk, liefst permanent. Ik voelde me zijn bruid.

Wat ik u daarover per se nog moet vertellen is dit: voor het eerst in mijn leven meende ik te begrijpen wat de natuur van een vrouw is, waar een vrouw toe is voorbestemd.

Ik wilde hem een zoon baren.

Opeens begreep ik ook die liedjes op de radio. *You make*

me feel like a natural woman. Ik vond ze niet langer belachelijk, zong ze luidkeels mee, onnozele gans. Maar toch begreep ik het, toen, dat het de bedoeling is dat vrouwen
kinderen baren en ze zich verder niks in hun hoofd moeten halen, want de rest is óf onzin óf het behoort niet tot
het domein van de vrouwen.

Een vrouw die schrijft begeeft zich in het domein van
de mannen. Ze ziet af van haar eigen middelen om zich
betekenis te verlenen via iemand anders en grijpt naar de
middelen van de man, die pen, letters, wapens van de onmacht.

Mannen schrijven boeken ook om de vrouwen te verleiden van ze te houden, al is het alleen maar in hun
hoofd, en als een vrouw een boek schrijft denkt ze dat ze
daarmee de man kan verleiden van haar te houden, maar
de mannen slaan op de vlucht voor schrijvende vrouwen.
Het is helemaal niet de bedoeling dat een vrouw doet
waar mannen goed in zijn. Daarin heb ik me vergist,
vroeger al. Ik dacht dat de jongens hielden van meisjes
die net zo waren als zij, de jongens. Dus was ik een fellere
Winnetou, een hardere soldaat, onverbiddelijker in het
gevecht, ruwer, wreder, roekelozer.

Maar de jongens houden helemaal niet van wat op hen
lijkt. Ze houden van echte meisjes, die zich opmaken en
giechelen en over meisjesdingen praten, die alles doen
wat ik mijzelf ooit verboden heb.

Begeren en begeerlijkheid heb ik duchtig verward, zijn
en hebben ook. Ik werd hetzelfde als degene die ik be-
geerlijk vond om te hebben, om zelf door begeerd te
worden. Ik moest zo nodig iemand zijn.

Heb ik daar nu zo lang voor doorgeleerd, om de waarheid van de clichés te ontdekken?

Lucas wilde ik hebben en om hem te hebben moest ik een vrouw zijn. Die liefde was meer een weghalen dan een toevoegen. Afbreken, afleren, barsten, verliezen, vooral veel verliezen. Water, vlees, vet, frases, trucs, gewoonten, controle, oud papier, dromen, mijn onzin verliezen. Bij Lucas was ik het met mezelf eens, ik was licht en eenvoudig, een simpele som van mogelijkheden, die alleen maar bij hem opgeteld hoefde te worden. Het was duidelijk: hij was het belangrijkste in mijn leven, stond aan de top van de hiërarchie, boven alles en iedereen verheven, ik wist steeds waarvoor ik moest kiezen. Voor hem.

Twijfel verdraag ik niet. Ik kan geen koehandel drijven met het lot, compromissen sluiten over het belangrijkste dat me te doen staat in het leven, daar mee schipperen en meerdere goden dienen. Het is het een of het ander. Ik moet kiezen. Het is niet zozeer dat ik niet verdeeld ben, ik weiger domweg om verdeeld te zijn.

Als ik bij hem was en het verlangen om te schrijven kwam weer in mij op, dan voelde ik het als een verraad en kon ik wel janken om Lucas, omdat ik bang was een moment niet genoeg van hem gehouden te hebben.

Uiteindelijk verdroeg hij mijn liefde niet. Wie wel?

Ze tastte zijn zelfhaat aan, zei hij, en dat hij niet genoeg van zichzelf hield om van mij te kunnen houden.

Sinds wanneer heeft deze krankzinnige dooddoener ons in de ban? Welke achterlijke idioot heeft het in de hersens van de mensen zitten stampen dat ze eerst van zichzelf moeten houden voordat ze iemand anders lief kunnen hebben? Het is de meest belachelijke, de meest

domme, de meest wrede wet *ever* en ze regeert de twintigste eeuw. Het is rabiate nonsens. Je moet van iemand anders houden en iemand anders moet van jou houden, dat
moet je niet ook nog eens zelf hoeven te doen, dat is onmogelijk. Wie houdt er nu van zichzelf zonder door een
ander bemind te worden? Niemand toch? Ja, een hand-
vol monomane gekken met negen assertiviteitstrainin-
gen achter de rug.

Ik heb zo'n verlangen naar zelfvergetelheid, naar het ene
in mijn leven waar ik me aan kan wijden, iets anders dan
ik. Hoger en beter.

Het spijt me. Ik had me voorgenomen u zonder schroom
alles eerlijk te vertellen, maar het is ondoenlijk, zowel
om schaamteloos alles tegen u te zeggen, als om niet te
liegen.

Ik kom me toch verschrikkelijk artificieel voor, alsof ik
mijzelf heb verzonnen en van een fictioneel karakter heb
voorzien. En op een dag zal er iemand komen en iets van
mij eisen, iets van mijzelf. Dan zal aan het licht komen
dat ik daar niets van in huis heb, van mezelf.

Maandag, 22 september 1986 – 14.00 uur

Langzamerhand is de wereld zo voorspelbaar geworden,
altijd hetzelfde liedje. Misschien moet ik míjn wereld
zeggen, mijn wereld is voorspelbaar geworden. Ik zou
wel willen dat het eens anders verliep, een ontmoeting
bijvoorbeeld, maar het draait altijd op hetzelfde uit en

dat het altijd op hetzelfde uitdraait weet ik al na enkele minuten. Ik verlang naar onvoorspelbare gebeurtenissen, naar momenten waarvan ik de plot niet van tevoren ken, naar ontmoetingen met mensen, waarvan ik niet onmiddellijk kan voorspellen hoe ze zullen verlopen. De voorspelbaarheid van anderen maakt me koud en onverschillig. Dan is het alsof ik geen ervaringen heb. Zelfs van wat zich voordoet als toevallig, voel ik mijzelf de organisator en regisseur.

Het is toch Jung die ergens schrijft dat het noodlot iets is wat je zelf in de wereld teweegbrengt? Het is dan iets wat zich in feite binnen in jou afspeelt, een conflict. En als je niet de moeite neemt om je te realiseren dat je met zo'n conflict worstelt, hoe het in elkaar zit en wat dan wel met wat overhoop mag liggen en maar gewoon doorgaat alsof er niks aan de hand is, dat het conflict zich dan verplaatst naar de buitenwereld en daar de vorm krijgt van een noodlot.

Wat is dan mijn noodlot?

Het noodlot, dat zijn de eeuwige herhalingen, toch?

Dus moet ik mij afvragen wat zich almaar herhaalt in mijn leven, wat steeds in dezelfde vorm terugkeert.

Ontmoetingen, mannen, denk ik, steeds hetzelfde verhaal, behalve met Lucas. Lucas is een ander hoofdstuk.

De mannen maken de wetten. Met de wetten verbinden ze wat ver uit elkaar ligt, hemel en aarde, ziel en lichaam, u kent ze wel, de tegenstellingen. En dan lezen ze met hun wetten in de hand de wereld. Met jou erbij. Als dit dan dat. Als jij zus dan zo. Ze lezen je als een boek. Ik heb naar hen geluisterd, naar hun verhalen over de wereld, over mijzelf vooral. Ik heb van geen van deze mannen gehouden zoals ik van Lucas hield, hou. Ik geloof ook niet dat een van deze mannen mij heeft liefgehad, niet echt.

Misschien was dat ook onmogelijk. Ik was niet op zoek naar liefde. Ik zocht die wetten.

Ik was te beschikbaar en daardoor juist onbereikbaar. Een joker was ik, zonder vaste plaats, zonder vaste vorm, overal inzetbaar. Ze konden van mij maken wat ze wilden, hartenvrouw, schoppenboer. Het was altijd goed.

Lucas maakte mij niet. Bij Lucas was ik Marie, hartenvrouw. Ik kwam met harten uit en heb verloren.

De mannen weten veel van de wereld en weinig van zichzelf. Ze spinnen hele netwerken tussen de uiteenlopende dingen en soms hebben ze niet in de gaten dat hun kennis ook maar een manier is om de kop boven water te houden. Ik wel. Achter de mannen stonden steeds weer andere mannen en dat waren de mannen waarvan zij de wetten hadden geleerd. Ik luisterde en at. Ze gaven me altijd te eten, de mannen.

Als ze hun verhaal verteld hadden, vertelde ik ze iets over henzelf, meestal over hun verzwegen zonden, om daarna milder over hen te oordelen dan zij ooit over zichzelf kunnen doen. Ik wil een goed woord doen voor de mannen. Iemand moet je vergeven dat je bij al je pogingen om het goed te doen fouten begaat en voortdurend miskleunt. Die iemand kan alleen een vrouw zijn. Wie vraagt er nu geen vergeving van een vrouw?

Ik hou van mannen. Ze zijn eenzaam.

Eigenlijk willen ze allemaal hetzelfde: heilig worden,

goddelijk. Maar het is niet aan de mens om goddelijk te zijn. Een mens is menselijk en dat is al moeilijk zat. Sinds ze God naar beneden hebben gehaald en hem ergens een plaats toedichten in het hart van de mens, is het gruwelijk misgelopen. God hoort boven, onder, overal, in ieder geval buiten de mens. Goddelijk willen zijn is een duivelse onderneming. Je kunt het goddelijke begeren, het nastreven en als je het goed doet word je op zijn hoogst een beetje heilig.

De mannen wilden dat ik naar ze luisterde en hen vergaf. Ze waren met weinig tevreden en dat weinige kon ik ze nog net geven.

U weet dat ik dit niet wil, een psycho-analytische interpretatie. U hebt mij toegestaan daarover te zwijgen, over de werkelijke vader, moeder, broers. U hebt mij beloofd me bepaalde woorden te besparen, omdat u weet dat ik het geen goede woorden vind om een verhaal mee te duiden. We zouden ze niet uitspreken.

U weet dat we kortstondig bij elkaar zullen zijn. Ik blijf niet lang bij u. Niet langer dan nodig is voor dit verhaal.

Het gaat mij er niet om te begrijpen waarom ik geworden ben die ik ben. Toen ik tegen u zei dat ik simuleer, loog ik niet.

Zolang ik mij kan herinneren wil ik *het* worden. Eigenlijk beginnen mijn herinneringen pas bij het moment waarop ik de eerste woorden kon lezen. Wat er daarvoor gebeurde ben ik vergeten, radicaal. Ik leerde lezen, ik leerde me te herinneren in woorden en ik wou vanaf dat moment iemand worden bij wie de woorden vandaan komen. Alles wat ik daarna gedaan heb heeft te maken met dit verlangen. Ik wou het inlossen en eraan ontkomen tegelijk, heel vreemd. Ik heb zeven jaar doorgeleerd en mij alleen bezig gehouden met die vraag: waarom. Waarom wil ik het worden? Wat is dat, schrijven, literatuur? Waar is ze goed voor?

Ik kan er niet tegen dat het een lot moet zijn. Aan een lot valt niets meer te begrijpen, het is wat het is. Een lot kun je nooit rechtvaardigen. Een keuze wel.

Stiekem hoop ik nog steeds op antwoord, op iets van buitenaf, iets dat me verandert in iemand die in staat is om zonder twijfels deze keuze te kunnen maken. Dat iets, dat is de ultieme initiatie. Van u verwacht ik het ook.

Maar het is slap en onzinnig.

Deze gebeurtenis zal nooit plaatsvinden.

Wat ik u vertel is geen wordingsgeschiedenis. Het is eerder een geschiedenis van het ontworden, van het onpersoonlijk worden. Kan dat? Ik geloof dat ik er niet tegen kan een persoonlijk leven te hebben. De gedachte dat ervaringen, belevenissen, gevoelens alleen door mij zo beleefd worden, met die gedachte kan ik niet leven. Als ik iets beleef zie ik er iets in dat mijzelf te boven gaat. Als ik dat er niet in zie kan ik het net zo goed niet meemaken, dan is mijn dag zinloos. Ik hou ervan alles groot te zien.

De wet is onpersoonlijk.

Wetten gelden voor iedereen, meende ik.

Je moet jezelf doodmaken om te kunnen schrijven. Ik geloof dat dat het is, dat het zo'n manier van leven is. Ik geloof dat de astroloog gelijk had en ik alleen in de gemeenschap kan zijn door iets anders dan mijzelf, door zelf afwezig te zijn.

Het is waar, ik haat paradoxen, ik verafschuw paradoxen. Toch is het de enige wet waar ik werkelijk op stuit. De paradox zit in de wet zelf.

U vindt mij cerebraal, abstract en cryptisch.

De volgende keer zal ik bescheidener zijn en u een ordelijk verhaal vertellen. Het moet toch mogelijk zijn die stem in mij het zwijgen op te leggen. Het einde is een monoloog, maar de enige zin van de monoloog is om hem zelf te laten ophouden, rust, stilte, zwijgen.

Maandag, 29 september 1986 – 14.00 uur.

Het leven was een stuk simpeler toen ik nog in God geloofde. Als u het zo wilt, geloof ik nog steeds in God, maar Hij is niet meer wat Hij geweest is. God verdraagt het niet om van alles te betekenen en de grote stoplap te worden in een stuk waarvan je de zinnen niet meer kunt rijmen. En dat is Hij nu, een stoplap voor het ongerijmde. Ik weet dat ik dat ergens niet kan maken met Hem. Hij heeft ook zijn trots, God.

Het is fout gelopen tussen ons toen ik de Witte Beertjes-pocket in handen kreeg, waarin lezingen stonden van Mijnheer Jean-Paul Sartre, over het existentialisme.

Ik was bijna veertien.

Het dorp waar ik geboren ben is mooi en de mensen die

er wonen zijn katholiek. Als je als katholiek geboren bent weet je niet beter, tenminste voor een tijd.

Het is helemaal niet erg om katholiek te zijn. We hadden veel feesten en weinig wetten. Van de pastoor kreeg je wat regels te horen en je leerde ze uit je hoofd. Ze waren simpel en gemakkelijk te onthouden. Je kon je niet voorstellen dat het regels waren die alleen voor de katholieken zouden gelden, want je snapte ook wel dat het binnen de kortste keren een bende op aarde zou zijn, wanneer de hele wereld er niet naar zou leven.

Als je eenmaal regels in je kop hebt krijg je ze er niet zo gemakkelijk uit.

Ik geloofde niet dat het kwaad kon.

Wat moet een mens zonder regels?

De Sacramentsprocessie was de mooiste.

Dan gingen, heel vroeg in de ochtend, de vrouwen uit het dorp samen naar de velden. Ze namen rieten korven mee. De bloemen stonden volop in bloei.

Naast elkaar en druk pratend over waar de vrouwen in de dorpen altijd over praten, stonden ze gebukt boven de grond en rukten met hun blote handen de kleurige bladen van de knoppen. In de korven verzamelden ze een oogst aan kleur, het blauw van de korenbloem, het rood van de klaproos, het lila van de klaver.

Varens kun je niet met je handen van de struiken trekken. De vrouwen die voor het groen zorgden hadden allemaal een schaar bij zich.

Ik was al elf toen ik voor het eerst mee mocht met de vrouwen. Plukken kon ik wel, dat was niet de kunst, maar ik kon niet met ze meepraten. Ik begreep de dingen niet waar de vrouwen over praatten als ze met elkaar praatten. Het verhaal over de opstanding van Christus uit de dood begreep ik beter.

Meestal hadden ze het over andere vrouwen.

Ik was opgewonden en verheugde me op de processie.

Ik was de Engel van de Hoop.

Eigenlijk was ik liever de Engel van de Liefde geweest, maar ze hadden alleen een groene jurk in mijn maat.

Erg groot ben ik nooit geworden.

Om tien uur liepen we naar het dorp terug en strooiden de bloembladeren uit over het asfalt. Het wegdek werd een tapijt van kleur. Eigenlijk zonde dat iedereen er met de voeten op moest treden, maar daar dacht je toen niet aan. Mooi was goed.

Terwijl we zaaiend over de wegen gingen passeerden we de mannen die bezig waren met het plaatsen van de wit-gele vlaggen langs de kant van de straat en de huizen, waarin de andere vrouwen bezig waren met het bouwen van hun altaar. Onder een geopend raam werden trapsgewijze tafels neergezet en bedekt met kraakheldere, wit gesteven lakens. De rijken hadden lakens van damast, de meesten hadden gewoon katoenen, waarop ze met de hand kleine figuren hadden geborduurd.

Op het altaar werden kandelaars met brandende kaarsen, vazen met bloemen en heiligenbeelden neergezet. Wie het meest van Jozef hield zette Jozef buiten en wie meer op had met Maria, Het Brandend Hart of met Sint Franciscus, liet dat nu ook zien. Je kon er de mensen beter door leren kennen.

Mijn oudste broer was misdienaar, de jongste herder en ik was bij de engelen. De oudste ging zijn eigen gang, hij mocht de sacristie in. Mijn jongere broer en ik liepen samen naar het klooster, waar we ons om moesten kleden. Hij wou eigenlijk al niet meer. Niet vanwege God. Hij hield er niet van zich te verkleden.

De herders zaten beneden, bij de pater. Ik moest een trap op, naar boven, waar de nonnen voor de engelen zorgden.

Het rook er naar boenwas en kippebouillon.

Als ik binnenkwam waren ze altijd al druk in de weer met de aartsengel. Zij moest een uur vroeger verschijnen dan de gewone engelen, want het was ieder jaar weer een hele toer om de vleugels vast te maken. Ooit waren de vleugels van de aartsengel losgeraakt tijdens een processie en voor de voeten van een van de kleuters beland, die met een lint aan haar vastzitten. Het kind is over de vleugels gestruikeld en altijd lam gebleven.

Dan val je ook bijna van je geloof af, als je zulke verhalen hoort.

De aartsengel is de mooiste van allemaal. Ze heeft een lichtblauwe jurk en veel extra's. Een aureool, vleugels en linten waar kinderen aan vastzitten.

Maar om een aartsengel te worden moest je minstens een meter zeventig zijn en dat was ik niet.

Een oudere jongen uit het dorp ging in de stad naar school en hij gaf mij het boekje. Hij zei erbij dat ik het toch wel niet zou snappen.

Zoiets moet je tegen mij niet zeggen.

Ik las het 's nachts in bed. Ergens vermoedde ik een verband tussen het onbegrijpelijke en het verbodene. Terecht.

Ik weet niet of ik op dat moment nog in God geloofde. Ik weet alleen dat ik daarna mijn best deed om er niet meer in te geloven.

Wat ik begreep was dit: God bestaat niet en daarom moet je zelf een keuze maken en daarvoor de verantwoording dragen.

Ik vond het behoorlijk dapper van Mijnheer Sartre, zomaar op te schrijven dat Hij niet bestaat.

Je kunt maar nooit weten.

Dat jaar daagde ik niet meer op als Engel van de Hoop.

Ik was een existentialist.

De route van de processie kende ik. Ik had ervoor gekozen me op te stellen aan de voet van de monumentale trappen. De weg helt op dat punt en de trappen leiden naar de kerk, bovenop de Odiliaberg. Van daaruit kon ik de processie lang van tevoren aan zien komen en mij ter plekke volledig voorbereiden op de daad.

Het is weleens anders geweest.

Er was een tijd dat ik hele ochtenden doorbracht in en rondom de kerk. Ik bezocht alle missen en verzorgde daarna de verwaarloosde graven op het kerkhof. Thuis maakten ze zich zorgen om mijn geloofsijver en ze probeerden op allerlei manieren mijn aandacht af te leiden, om me bij de kerk vandaan te houden.

Dus ging ik nog vaker en bleef ik langer weg.

Van de pastoor zelf ondervond ik ook de nodige weerstand. Hij trok altijd aan mijn haar als hij mij op de trappen passeerde. 'Ha, witte,' siste hij dan tussen zijn tanden, omdat ik wit haar had.

Sinds ik hem gevraagd had of ik misdienaar kon worden en later een priester, zoals hij, had ik de indruk dat hij me ruwer begroette. Soms deed het zeer.

De pastoor had het niet erg op meisjes, geloof ik.

Dus ging ik iedere dag zo zitten dat hij me vanuit het altaar kon zien.

Je moest er wat voor over hebben.

In de verte klonk het sonore geluid van de harmonie en daarna het ritmische bidden van de mannen en de vrouwen. Eentje bad met luide stem voor en de rest viel in. Het geluid golfde me tegemoet. Het was me opeens wee te moede.

Ik heb Hem gevraagd wat me toch bezielde en ook nog om kracht, om de daad te kunnen volbrengen. Daarna wou ik die gedachten het liefst uitwissen, want ik snapte ook wel dat het voor een existentialist niet passend was Hem nog langer lastig te vallen.

De stoet naderde. De priester liep voorop met de geheven monstrans. De gouden stralenkrans ving het heldere zonlicht van de ochtend en ketste het schetterend terug in alle richtingen. Daarachter liepen de akolieten met de baar, waarop het beeld van de Heilige Odilia stond. Zij is onze patroonheilige. Zij kan de blinden weer laten zien.

De stemmen van het biddende volk werden luider en luider. Rechts en links van mij begonnen mensen te knielen en het hoofd te buigen.

Zo hoort het.

Het vouwen van mijn handen, losjes voor mijn buik, was de eerste concessie. Ik probeerde mij wat zinnen te herinneren uit het boekje, maar het enige wat in mij opkwam waren losse woorden. Mens, vrijheid, verlatenheid, keuze, verantwoordelijkheid, daden.

Op nog geen tien meter afstand schitterde de monstrans en de stoet schreed verder. Rondom mij was iedereen neergeknield, ik was de enige die nog rechtop stond. Misschien valt het niet eens op, dacht ik nog. Ik ben zo klein.

Voordat ik de tweede concessie deed en mijn ogen sloot, herkende ik nog net het mooie gezicht van mijn grootvader, vlak achter de baar met het beeld. Hij behoorde tot de oudsten van het dorp en hij liep met een stok, waar een brandende lantaarn aan bungelde. Hij was nu al op de leeftijd dat hij tot de voorste rij verlichten doorgedrongen was.

Hem had ik het tafereel willen besparen, geloof me.

Devoot, maar kaarsrecht, stond ik midden tussen de geknielden te wachten tot het voorbij zou zijn, tot het murmelende geluid weg zou ebben en de cadans van de gebeden zich langs de berg omhoog zou slingeren, ver van mij vandaan.

Het duurde een eeuwigheid.

Het geluid stond opeens stil, voor mij. Ik sloeg mijn ogen op en keek in het van woede verwrongen gezicht van de pastoor. Hij draaide zich in de volle breedte naar mij toe en tilde de monstrans hoog boven zijn hoofd.

'Knielen,' siste hij, 'kniel voor het Allerheiligste, witte!'

Ik boog niet door mijn knieën, ik stortte erop neer.

Ik wou bidden om vergeving, geloof ik, maar ik wist niet meer wie mij vergeving moest schenken, God, mijn grootvader of Mijnheer Sartre.

Maandag, 6 oktober 1986 – 14.00

Ik ga zo weer weg. Ik heb u niets meer te zeggen. Ik neem afscheid van u, het is goed geweest. Ik heb aan uw verzoek voldaan en het verhaal opgeschreven. Toen ben ik even uitzinnig gelukkig geweest, voor het eerst sinds lang. Dit zal het dan wel zijn, het zij zo.

Het was niet zozeer uw analyse die de doorslag gaf, want ik weet niet of ik het met uw interpretaties eens ben of niet, het was eerder het wonder dat u er betekenis aan kon geven, aan het verhaal zelf.

Het is voor u, ik heb het ondertekend en laat het hier achter. Ik heb zelf een kopie.

Ik kon alleen geen naam voor het verhaal bedenken. Een titel kan toch nooit de lading dekken.

Amsterdam, juni 1990